本书受教育部人文社会科学研究青年基金项目"新常态
优货币政策框架设计与宏观经济调控效果研究"（17YJC79
国家自然科学基金青年科学基金项目"地方政府行为与区
化中的'路径创造陷阱'：基于可实证空间均衡模型的多片
作用研究"（71903016）等项目的资助。

房地产资产
定价效率、最优货币政策规则
与社会福利最大化

徐　妍\著

Real Estate Asset Pricing
Efficiency, Optimal Monetary Policy Rules and
Social Welfare Maximization

中国财经出版传媒集团
经济科学出版社
Economic Science Press

图书在版编目（CIP）数据

房地产资产定价效率、最优货币政策规则与社会福利
最大化／徐妍著 . —北京：经济科学出版社，2019.9
ISBN 978 - 7 - 5218 - 0932 - 9

Ⅰ. ①房… Ⅱ. ①徐… Ⅲ. ①房地产价格-研究-中
国②货币政策-研究-中国 Ⅳ. ①F299. 233. 5
②F822. 0

中国版本图书馆 CIP 数据核字（2019）第 206458 号

责任编辑：谭志军 李 军
责任校对：王苗苗
责任印制：李 鹏

房地产资产定价效率、最优货币政策规则与社会福利最大化
徐 妍 著
经济科学出版社出版、发行 新华书店经销
社址：北京市海淀区阜成路甲 28 号 邮编：100142
总编部电话：010 - 88191217 发行部电话：010 - 88191522
网址：www. esp. com. cn
电子邮箱：esp@ esp. com. cn
天猫网店：经济科学出版社旗舰店
网址：http://jjkxcbs. tmall. com
固安华明印业有限公司印装
710 × 1000 16 开 11. 25 印张 180000 字
2019 年 10 月第 1 版 2019 年 10 月第 1 次印刷
ISBN 978 - 7 - 5218 - 0932 - 9 定价：48. 00 元
（图书出现印装问题，本社负责调换。电话：010 - 88191510）
（版权所有 侵权必究 打击盗版 举报热线：010 - 88191661
QQ：2242791300 营销中心电话：010 - 88191537
电子邮箱：dbts@ esp. com. cn）

　　本书受教育部人文社会科学研究青年基金项目"新常态下的最优货币政策框架设计与宏观经济调控效果研究"（17YJC790179）；国家自然科学基金青年科学基金项目"地方政府行为与区域产业演化中的'路径创造陷阱'：基于可实证空间均衡模型的多尺度交互作用研究"（71903016）等项目的资助。

前　言

　　从 20 世纪 20 年代"大萧条"到 2007 年美国金融危机，每一次金融危机的发生都为货币政策研究者提供了发展和更新现有理论的机会。在所有类型的金融危机中，由重大房地产资产价格泡沫破裂引起的金融失衡和经济衰退的严重性、持久性往往超过了通常的理解。由 2007 年美国房地产次级贷款危机诱发的金融危机爆发至今已近十年，全球经济形势与货币政策理论仍处于一种相对混沌的状态：实践中，全球经济复苏前景依然不明朗，特别是新兴市场经济体的经济增速持续下滑，债务危机爆发的风险急剧增大；理论上，传统的弹性通胀目标制货币政策共识破裂后，关于货币政策如何应对资产价格波动这一问题尚未达成新的一致。从 90 年代以来的金融实践来看，资产价格泡沫往往形成于实体经济稳健的背景下，资产价格波动并不能有效反映未来通胀和产出缺口预期，这导致传统弹性通胀目标制框架下的中央银行"善意忽略"了由资产价格泡沫累积造成的金融失衡风险。因此，对于研究者而言，货币政策是否应当针对此类资产价格波动进行干预，如何进行最优干预成为当下需要重新审视的课题。弄清这些问题对于完善货币政策调控理论、提高中央银行货币政策调控水平、规避由资产价格波动引起的重大金融失衡、保障实体经济稳定具有重大意义。

　　基于此，本书从我国货币政策调控实践出发，围绕房地产资产定价效率、最优货币政策规则和社会福利最大化进行了系统深入的研究。本书首先借助动态最优化技术探讨了中央银行针对房地产资产定价非效率因素进行货币政策干预的理论依据，利用宏观经济数据和全信息广义矩估计方法验证了我国房地产价格波动中显著存在的定价非效率因素，并借助数值模拟检验了针对房地产资产定价非效率因素进行干预的货币政策的调控效果，指出干预的现实必要性。在此基础上，利用传统的时间序列计量工具和结构宏观计量方法估计了我国中央银行货币政策规则，检验了房地产资产定价非效率因素在我国中央银行货币政策决策中的作用。随后，基于新凯恩斯动态随机一般均衡框架，从社会福利最大化的角度讨论了如何选择最优的针对房地产资产定价非效率因素进行干预的货币政策规则，并拓展分析了一些市场结构特征如何影响社会福利和社会福利最大化的货币政策规则的选择。本书的主要工作、结论及贡献如下：

第一，论证了中央银行针对房地产定价非效率因素进行货币政策干预的理论和现实必要性。首先，基于二次型央行损失函数和 IS-Philips-KM 框架求解中央银行损失最小化的货币政策规则，结果指出：房地产资产定价非效率因素是引起最优货币政策干预的重要原因；当房地产价格波动偏离了由通胀和产出缺口预期所决定的内在价值水平时，中央银行的最优货币政策规则应当对房地产资产定价非效率因素进行干预。随后，基于我国宏观经济数据，利用联立方程系统全信息 GMM 方法估计 IS-Philips-KM 框架参数发现：房地产资产定价非效率因素是影响我国房地产价格波动的显著因素。通过对最优货币政策规则和 IS-Philips-KM 框架构成的经济系统进行全样本模拟和断代模拟发现：针对通胀、实际产出缺口及房地产资产定价非效率因素进行干预的货币政策能够更有效地平抑经济波动。

第二，检验了我国中央银行在其货币政策实践中是否针对房地产资产定价非效率因素进行了货币政策干预。通过对单一货币政策方程的 GMM 估计和联立方程系统的 FIML-VAR 估计，指出传统时间序列计量方法在估计货币政策规则时面临的内生性难题和小样本困境。随后，构建了一个新凯恩斯动态随机一般均衡分析框架，纳入了房地产资产和金融摩擦等因素；得到了中央银行针对房地产价格缺口进行干预和中央银行针对房地产资产定价非效率因素进行干预的两个可比的 NK-DSGE 模型；利用贝叶斯方法分别估计两个模型，同时得到基准利率调控规则和货币供应量调控规则的估计值。随后利用对数边际密度计算两模型的贝叶斯后验胜率，进行模型比较后发现：我国中央银行的确对房地产资产定价非效率因素进行了货币政策干预，符合央行损失最小化货币政策规则的形式要求。

第三，讨论了基于社会福利最大化目标的我国中央银行最优货币政策规则的选择。通过将 NK-Philips 曲线写成一组递归形式的方程，得到可用于福利分析的非线性 NK-DSGE 模型均衡方程系统；利用仿真分析了模型所刻画的货币政策传导机制和外生冲击下关键宏观经济变量的动态调整特征。随后引入基于代表性经济主体效用函数的福利度量方法，利用仿真、格子检索、端点检索和空间压缩的技术手段，得到了中央银行单独调整利率规则或货币供应量规则的全局最优方案，以及同时调整利率规则和货币供应量规则的局部最优方案。研究发现：福利最大化的货币政策规则与我国中央银行目前实施的货币政策规则、传统的央行损失最小化的货币政策规则皆存在一定差异；福利最大化货币政策规则是中央银行在稳定通胀、产出缺口、消费缺口，以及房地产缺口等目标间权衡和取舍的结果。随后，通过拓展分析贷款抵押价值比和家户存贷结构两种市场结构特征对福利及社会福利最大化货币政策规则选择的影响，提出中央银行在制定货币政策规则时须综合考虑其他调控政策的影响。

徐　妍

2019.8

目录

第 **1** 章
绪　论

1.1　背景与意义

1.1.1　现实背景

　　从 20 世纪初到现今的一百年间是全球经济发展最为迅猛的时期，房地产业的兴盛无疑是推动这百年经济增长的重要因素。全球主要经济体一方面享受了来自房地产业快速发展的红利，而另一方面也饱尝了楼市价格泡沫和崩盘带来的恶果。20 世纪全球三次重大房地产价格泡沫破裂事件引起的经济或金融危机的严重性和持久性超出了通常的理解①，而由 2007 年美国房地产次级贷款危机诱发的全球经济衰退的阴霾已经延续十年之久，全球经济复苏前景仍不明朗，特别是新兴市场经济体的经济增速持续下滑，债务危机爆发的风险急剧增大。

　　正是由于房地产行业和房地产价格波动对实体经济平稳增长有着至关重要的影响，如何利用货币政策工具有效地调控房地产价格波动一直是各国中央银行考虑的关键问题。英格兰银行中央银行研究中心的一份调查数据显示：在调研的 77 个国家和地区的中央银行中，绝大多数中央银行表示房地产价格

---

　　①　20 世纪 20 年代中期始于美国佛罗里达州的房地产泡沫破碎直接激化了美国经济问题，引发了华尔街股市的崩溃，最终导致了美国"大萧条"，并波及多个国家。20 世纪 90 年代初日本房地产业崩溃引发了严重的财政危机，加之"广场协议"的推波助澜，使日本经济陷入长达十余年的萧条和低迷。20 世纪 90 年代中后期泰国、马来西亚、印度尼西亚等东南亚国家房地产价格泡沫破裂致使东南亚经济新星遭受了严重的经济衰退，把笙歌一片的东南亚带向了一个万户萧疏的时代，至今都无法恢复危机前的经济增长速度。

波动影响了货币政策决策切凯蒂等（Cecchetti et al.，2000）。而在弗赖伊等（Fry et al.，1999）的调查统计中，94 个参与调研的中央银行中，有 66 个中央银行认为房地产价格波动对货币政策决策至关重要、重要或者相关；这一调查涉及 28 个发达国家、22 个转型国家和 44 个发展中国家的中央银行，其中表示货币政策决策中会重视房地产价格波动的中央银行分别为 21、12 和 30 家。

在传统的弹性通胀目标制货币①政策共识下，房地产价格波动影响货币政策的唯一原因在于其反映了产出缺口和通货膨胀预期，但是，各国中央银行干预房地产价格波动的决策依据和方式却存在一些差异。例如美联储采取了一种被称为"善意忽略"（benign neglect）的非对称干预模式（波尔多和珍妮/Bordo and Jeanne，2002；米什金/Mishkin，2011），即只有当资产价格崩溃时美联储才出手维持金融市场稳定，而在泡沫形成过程中不会预先进行调整。欧洲央行采取了"双支柱"（two-pillar）的干预策略，即在考察经济因素的同时给予货币因素更大权重的考虑，而后者与信贷及房地产价格走势具有密切关系。日本央行选择了一种被称为"缺口学"（Gapology）的干预逻辑，即货币政策重点盯住产出缺口，但是在控制资产价格泡沫方面严格避免信贷和债务规模超过 20 世纪 80 年代拖垮日本经济的信贷和债务水平。

那么我国货币政策是否主动干预房地产价格，货币政策对何种形式的房地产价格波动进行干预，以及货币政策如何干预房地产价格波动呢？从现实情况来看，我国房地产价格波动和对应的货币政策调控实践表现出以下三点特征：

第一，没有明确的直接证据表明我国中央银行对房地产价格实施了货币政策干预。尽管来自市场的直观感受似乎表明房地产价格的异常波动会引起中央银行货币政策调整，但是，并没有任何官方证据表明我国中央银行会利用货币政策调控房地产市场。由于承诺干预可能会导致不必要的道德风险，无论是（以下简称《中国人民银行法》）、《中国人民银行法》《中国货币政策执行报告》中，还是在中国人民银行历次货币政策调整后的新闻发布会上，均没有、也不会明确指出房地产价格（或其他资产价格）对货币政策决策的

---

① 弹性通胀目标制货币政策区别于盯住通胀的货币政策，前者的目标是将通货膨胀率控制在目标值水平，同时使资源使用率维持在一个正常水平。

影响。仅有的间接证据部分来自学术界进行的实证研究（详见文献回顾章节），部分则来自央行领导人的非官方发言，例如，前任中国人民银行行长周小川在 2014 年清华大学五道口全球金融论坛上的发言中曾提到，"这（资产价格）是央行的货币政策始终没有解决的问题，但是也都明确央行不应该对资产价格的变动置之不理"①，这意味着房地产价格波动可能是我国央行货币政策决策的重要考量因素之一，房地产价格波动会引起我国货币政策反应。

第二，房地产价格波动与实体经济存在背离。从 2009 年以来，我国国内生产总值增速呈持续下滑态势，实体经济进入所谓的"新常态"阶段；但与此同时，国内房地产平均销售价格却在 2010 年、2012 年和 2015 年的部分季度出现了快速上涨。房地产开发投资额名义增长率在"新常态"下依然维持在 10% 水平以上，超过了名义 GDP 的增长速度，致使房地产开发投资额占GDP 的比例升高至 2014 年的 14.99%。商品房销售额占据国内生产总值的比例也持续上升，并在 2013 年达到 15.68% 的峰值②。从这些数据可以看出：一方面，我国房地产价格波动本身并不能很好地反映实体经济预期，背离的现象已经较为突出；另一方面，房地产对总产出的贡献越来越大，房地产价格异常波动对实体经济的潜在威胁逐渐加深。

第三，货币政策实践与传统的弹性通胀目标制并非完全一致。按照《中国人民银行法》，我国中央银行货币政策目标是"保持货币币值稳定，并以此促进经济增长"，这意味着我国中央银行实施的也是弹性通胀目标制货币政策。换言之，房地产价格波动引起货币政策调整的原因在于其反映了产出缺口和通货膨胀预期，房地产价格波动中隐含的实体经济预期应是货币政策干预的对象。然而在实践中，"干预"房地产价格的货币政策也并没有体现出调控产出缺口和通胀预期的特征。尽管中央银行没有明确指引货币政策对房地产价格的调控，但其通常与房地产产业政策形成配合，而后者则明确表示其目标为"遏制房地产价格过快增长""抑制不合理需求""抑制投机性需求"③，等等。因此可以合理地猜测，我国货币政策干预房地产价格的原因可

---

① 引自前任中国人民银行行长周小川在清华大学五道口全球金融论坛的讲话纪要，参见：http://www.wdkforum.org/index.php? m = content&c = index&a = show&catid = 37&id = 22。

② 房地产平均销售价格以全国商品房销售额和商品房销售面积计算得到；原始数据来自 Wind 资讯数据库。

③ 详见"国十一条（2010）""国十条（2010）"以及"国五条（2013）"。

能不仅仅是因为其反映了实体经济预期，更重要的是对房地产价格波动中的
"过快""不合理""投机性"的成分进行调控。换言之，房地产资产定价的
非效率因素可能是我国中央银行货币政策干预的重要对象之一。

从以上特征可以看出，传统的弹性通胀目标制货币政策并不能很好地概
括我国中央银行的货币政策实践，我国房地产资产定价效率和货币政策还有
较大的研究空间和重要的研究必要性。因此，如何界定房地产市场定价的非
效率因素、发掘最优货币政策规则中房地产资产定价效率所扮演的角色、识
别我国现行货币政策工具对房地产市场定价非效率因素的反应系数、缩小其
与最优货币政策规则间的差异，均是亟待解决的重大现实问题。

1.1.2　理论背景

"货币政策如何应对资产价格波动"是现代宏观经济学和货币政策研究领
域最核心、也是最棘手的课题之一。无论是早期的奥地利学派、凯恩斯学派，
还是20世纪中叶最具影响力的货币主义学派，以及近三十年来主流新凯恩斯
主义的拥趸，就这一问题都进行过激烈而持久的辩论，并产生了一大批具有
影响力的研究成果。

20世纪90年代后期，由资产价格泡沫破裂引起的金融危机在美国、日本
及东南亚诸国频频爆发，时任美联储主席的格林斯潘（Alan Greenspan，
1996）在1996年的全球央行会议上提出倡议，希望全球宏观经济研究者和央
行工作者就"中央银行如何应对资产价格泡沫"问题展开研究。他指出，"不
能因为1987年股票市场崩溃没有对美国实体经济造成严重损伤，就低估了资
产价格对实体经济影响的复杂性和深远性，有必要弄清楚资产价格泡沫是如
何形成、为何破裂时会造成日本式的经济衰退，以及怎样将这些问题的答案
纳入中央银行货币政策调控工作中去"。① 受格林斯潘的号召，以及紧随其后
的1997年东南亚金融危机和2000年美国网络经济泡沫破裂的影响，大量研
究者投入这一领域中，形成了以切凯蒂（Stephen Cecchetti）、哥恩博格
（Hans Genberg）、利普斯基（John Lipsky）及瓦德瓦尼（SushilWadhwani）等

---

① 格林斯潘于1987年担任美联储主席，正是他在美国股市崩盘后当机立断采取降息措施，避免
危机扩展到实体经济领域。尽管格林斯潘成功挽救了1987年美国金融危机，但他对资产价格波动表示
极大的担忧。

为代表主张货币政策调控资产价格；与以伯南克（Ben Bernanke）和格特勒（Mark Gertler）等为代表反对货币政策调控资产价格的两种主流观点。事实上，由于两种观点都承认当资产价格波动反映通胀和产出预期时应当予以货币政策干预，都能够统一到弹性通胀目标制（flexible inflation targeting）货币政策框架下。因此，彼时学术界和全球中央银行达成的共识是：在弹性通胀目标制货币政策框架下，资产价格在一定程度上可作为实际产出和通货膨胀的先行指标，若资产价格波动反映了产出缺口和通货膨胀预期，中央银行应当利用货币政策工具进行适当干预，反之则不应干预。

然而，随后的一轮美国房地产价格泡沫积聚和破裂，不仅引发了全球范围内的金融危机，也对危机前的货币政策共识提出了严峻的挑战。在 2007 年美国房地产次级贷款危机爆发之前，房地产价格泡沫急剧膨胀背后是稳健的经济增长和温和的通货膨胀，因此美联储对这一轮的房地产价格上涨并没有采取适当的货币政策干预，但最终房地产价格泡沫难以为继，酿成了全球性金融危机。随着经济衰退在全球范围内蔓延和加重，危机前的货币政策共识受到越来越多的批判。以米什金（Frederic S. Mishkin）、拉詹（Raghuram Rajan）、库特纳（Kenneth N. Kuttner）、波尔多（Michael D. Bordo）、惠洛克（David C. Wheelock）等为代表的一批学者提出，金融稳定（或资产价格稳定）与实体经济稳定之间并无绝对联系，物价稳定或者说实体经济稳定并不是金融稳定的前提条件，不能有效保障金融稳定的实现；相反，温和的经济环境某些时候可能会促进资产价格泡沫的形成，提高金融体系的脆弱性。换言之，资产价格泡沫的形成并不必然反映市场对未来产出缺口和通货膨胀的预期，其中"非理性繁荣"[①]的成分是造成金融失衡风险的重要因素；而在传统的货币政策共识下，中央银行仅对反映实体经济预期的资产价格波动进行干预，不仅不能发挥抑制金融失衡的作用，反而成为孕育金融危机的温床。

因此，中央银行如何看待资产价格波动在其货币政策决策中所扮演的角色，以及货币政策应当怎样干预资产价格波动，成为本轮金融危机之后研究者需要重新审慎思考的课题。瑞典中央银行副行长斯文森（Lars E. O. Svens-

---

① "非理性繁荣"是耶鲁大学罗勃·席勒（Robert J. Shiller）教授的一本畅销书书名，取自美联储前主席格林斯潘 1996 年底在华盛顿希尔顿饭店演讲中，谈到当时美国金融资产价格泡沫时所引用的一句名言。

son）在本轮金融危机后指出①，弹性通胀目标制构建了合理平衡通货膨胀率和资源使用效率的优良框架，即使在当下仍然不失为可靠的选择。改良传统弹性通胀目标制货币政策的关键在于更新对资产价格影响货币政策传导机制的理解。而从目前的金融实践和本轮金融危机提供的经验教训来看，当资产价格波动与实体经济预期背离时，资产价格波动中不能被实体经济预期所解释的部分，即资产价格中包含的定价非效率因素，尤其值得货币政策研究者关注。

正如欧洲央行经济学家伊辛（Otma Issing）所言，每一次金融危机都为政策制定者和研究者提供了一个更全面认识危机产生的原因的机会，在这一轮金融危机之后，学术界和政策当局对于房地产价格波动和货币政策的认识亟待进一步更新。

1.1.3　研究意义

从上述背景可以看出，资产价格波动对货币政策的影响是一个历久弥新的研究课题，特别是在重大经济或金融危机之后，无论在理论上还是实践中都暴露出许多值得重新深入思考的问题。与本轮金融危机前的传统弹性通胀目标制货币政策共识不同，本书尝试分析房地产资产定价非效率因素对货币政策决策的影响，考察中央银行是否应该针对房地产价格波动中不反映未来产出和通胀预期、偏离房地产内在价值的部分进行货币政策干预，我国中央银行是否在货币政策实践中进行了干预，以及应当如何最优地进行干预以达到社会福利最大化目标。这一选题对于丰富货币政策领域的研究成果、指出本轮金融危机前的货币政策共识存在的问题、更新对资产价格影响货币政策传导机制的理解等方面具有重要的理论意义。

在实践意义方面：当下中国正处在经济结构转型的关键时期，对金融稳定和经济平稳增长的要求超过了以往任何时候；而在复杂的国内外经济金融形势下资产价格出现的异常波动对我国中央银行货币政策调控提出了极高的要求。中国在社会主义市场经济体制建立以来，有效地规避了由房地产市场

---

① 引自瑞典中央银行拉尔斯·史文森（Lars E. O. Svensson）2009 年 9 月 21 日在阿姆斯特丹的荷兰银行的演讲。

的冲击造成的系统性金融危机，一定程度上是对货币政策当局在政策调控方面的卓越成绩的充分肯定。而通过对本话题的研究，有助于识别当下我国中央银行利用货币政策干预房地产价格的具体模式，认清我国中央银行货币政策调控中存在的优势和不足，为进一步完善和优化货币政策调控水平，促进金融体系稳定和实体经济平稳增长提供了有益的参考。

1.2　研究对象的界定

1.2.1　房地产资产定价效率

房地产资产定价效率衡量了房地产资产价格与其内在价值的一致或非一致性关系。由于房地产商品兼具一般耐用消费品和资产属性，其价格构成与一般商品不同，在本书中主要关注其资产属性。根据《新帕尔格雷夫经济学词典》，"一种资产或一系列资产的价格在一个连续过程中的急剧上涨，会逐渐偏离其内在价值"。而根据马克思价值规律，"价格围绕价值上下波动，两者相一致是偶然的，不一致却是经常发生的"。因此，对于房地产资产而言，其价格偏离价值（或价格中包含了定价非效率因素）的情形在理论上必然存在，且主要表现为价格在持续上涨过程中脱离内在价值。

界定房地产资产定价效率，首要的是对房地产资产价格的构成要素进行分解，并分析各要素的形成机制。根据康通尼卡斯和蒙塔尼奥利（Kontonikas and Montagnoli，2006），房地产资产价格由基本面因素和非基本面因素共同决定；类似地，凯斯和席勒（Case and Shiller，1989）认为房地产资产价格受内在价值（地区平均价格）、价格变动趋势（时间漂移项）和随机市场扰动的共同影响。借鉴这些经典研究成果，本书认为房地产资产价格由定价效率成分和定价非效率成分构成：定价效率成分是指，由资产定价模型（收益折现模型）决定，反映了资产的预期收益和预期资金成本的部分；而定价非效率成分是指，由过往的价格变动趋势引起的市场情绪、投机等因素，以及由市场摩擦造成的随机扰动所决定的价格组成部分。因此，本书中的房地产资产定价效率表示房地产资产价格中非效率成分所占比重：非效率成分越大，则房地产资产定价效率越低；非效率成分小，则房地产资产定价效率越高。

而为了分析和阐述的便利，本书以房地产资产价格中非效率因素的大小来作为房地产资产定价效率的度量，货币政策针对房地产价格中非效率因素的干预规则视为对房地产定价效率的干预。

房地产资产价格中的非效率因素通常有以下属性：一是促使房地产资产价格偏离市场基础价值，持续快速上涨，并推动经济出现虚假繁荣；二是吸引大量投机资本进入房地产资产市场，形成普遍看涨预期，具有自我实现和扩大的特征；三是房地产资产的供给弹性较小，导致非效率因素在形成和扩大的过程中没有明显的终端约束；四是与实体经济有着紧密关联，是宏观经济波动的内生性源头，也是放大外生冲击的重要因素。

1.2.2 最优货币政策规则

最优货币政策规则是指：在既定的决策约束条件下，中央银行为了最大化（或最小化）特定目标的而具体实施的明确规定货币政策干预对象和干预力度的货币政策调控规则。货币政策规则的提出源起于对相机抉择的货币政策的补充与完善，规则型货币政策的核心是要求货币政策具有连续性和系统性，并充分利用各种宏观经济信息进行预测和修正。需要注意的是，货币政策规则与货币政策目标的内涵有着巨大的差异，必须进行明确区分①。例如，"通胀目标制"货币政策以通货膨胀率稳定作为货币政策调控的目标，但具体的货币政策规则可以表现为泰勒规则形式，即基准利率针对产出缺口和通胀缺口进行调控。因此，研究最优货币政策规则需要首先界定中央银行的货币政策调控目标和其面临的决策约束。

本书中的最优货币政策规则包含两层含义：一是在 IS-Philips-KM 框架约束下，中央银行为实现最小化由产出缺口和通胀缺口加权和所刻画的央行损失，而选择的基准利率调控规则和货币供应量调控规则；二是在 NK-DSGE 框架约束下，中央银行为实现最大化社会福利而选择的的利率调控规则和货币

---

① 学术界也只是近 20 年内才在将货币政策规则和货币政策目标有效区分开。在此之前，两者概念的混淆造成关于货币政策的争论陷入无法沟通的困境。例如，史文森（2009）曾明确指出，在关于货币政策是否应当干预资产价格波动的问题上，部分研究者支持将资产价格波动引入货币政策规则，而大量的反对者却纠结于不能将平抑资产价格波动作为货币政策目标，这造成了很长一段时间内辩论无法得到实质性进展。

供应量规则。上述两种最优货币政策规则在完全竞争市场或仅包含名义价格黏性的假设下是统一的，但当存在其他形式市场扭曲时则大不相同，且后者在最新的最优货币政策规则研究中已逐步成为主流。

由于房地产价格（包括效率成分和非效率成分）在中央银行决策约束中发挥着重要作用，根据本书得到的最优货币政策规则要求中央银行须针对实际产出缺口、通货膨胀率及房地产资产定价非效率因素进行货币政策干预，以实现央行损失最小化或社会福利最大化的目标。最优货币政策规则的具体操作形式则是一阶平滑的扩展泰勒规则和麦科勒姆规则形式。

1.2.3 社会福利

社会福利在经济学中有着不同层次的解释，但在货币政策研究领域和本书中明确界定为经济主体的跨期效用折现之和。因此，社会福利是基于效用观的一个抽象概念，社会福利的度量也取决于代表性经济主体效用函数的设定，追求社会福利最大化的货币政策也就是追求代表性经济主体跨期效用的最大化。从社会福利和货币政策的关系来看，社会福利既是货币政策选择的"因"，也是货币政策选择的"果"，因此，不可割裂地探讨两者中的任意一个。

在经典假设下，市场上只存在名义价格黏性导致的市场扭曲，代表性经济主体的效用只与消费和闲暇有关，此时由效用函数近似得到的社会福利最大化目标等价于实际总产出和通货膨胀率波动最小化目标。因此，如同史文森（1997）、鲍尔（Ball，1999）等的研究，最小化 IS-Philips 约束下的二次型央行损失函数就等价于最大化社会福利，简化的弹性通胀目标制货币政策分析框架也具有坚实的新凯恩斯主义基础。但是，当经济系统存在其他形式的市场扭曲，或者代表性经济主体效用函数中纳入了其他变量时，社会福利的形式就变得复杂，因而从效用函数出发考察社会福利和最优货币政策规则成为唯一可靠的方案。

具体而言，本书中的社会福利由耐心型家户、无耐心型家户和企业家部门（具体的定义见第 4 章和第 5 章的 NK-DSGE 模型）的福利共同构成，而消费、闲暇和房地产资产持有量是影响两种家户效用的重要因素。因此，社会福利是总的消费、闲暇以及房地产资产等在不同经济主体间的配置的结果。

1.3 研究内容与研究方法

1.3.1 研究内容

本书尝试回答的三个核心问题是：从理论和实证两个方面揭示我国中央银行是否存在针对房地产资产定价非效率因素进行货币政策干预的必要性；我国中央银行在货币政策实践中是否主动针对房地产资产定价非效率因素进行了干预；以社会福利最大化为目标，在纳入房地产定价非效率因素考虑的前提下，我国中央银行应当如何设计最优货币政策规则。具体的研究内容包括以下三个部分：

第一部分研究的目的是分析我国中央银行是否有必要对房地产资产定价非效率因素进行货币政策干预。由于针对资产价格波动所隐含的通胀和产出预期进行干预的货币政策未能有效抑制房地产价格泡沫累积和金融失衡，传统的弹性通胀目标制货币政策共识在本轮全球金融危机之后遭到普遍质疑，因此，有必要重新认识资产价格在货币政策决策中应当发挥的作用。基于此，这一部分首先利用 IS-Philips-KM 框架和二次型央行损失函数，从理论上分析房地产资产价格波动中的定价非效率成分（不由资产定价模型所决定，不反映未来产出和通胀预期的部分）在最小化央行损失函数的货币政策规则中所发挥的作用，提出中央银行应当针对房地产资产定价非效率因素进行干预的理论依据。随后，利用我国宏观经济数据估计 IS-Philips-KM 框架的参数，实证检验定价非效率因素对我国房地产资产价格的影响，基于实证结果指出我国中央银行是否应该对房地产资产定价非效率进行干预。在此基础上，利用 IS-Philips-KM 模型的参数估计结果和我国宏观经济数据，测算、模拟针对房地产资产定价非效率进行干预的最优货币政策规则，分析和评价其调控效果。最终，这一部分通过数理分析和实证研究明确指出，我国中央银行应当针对房地产资产定价非效率因素进行货币政策调控。

第二部分的研究建立在第一部分的结论之上，目的是检验我国中央银行在过去的货币政策实践中是否按照第一部分提出的最优货币政策规则，针对房地产资产定价非效率因素进行了货币政策干预。这一部分的检验主要包括两个环节，一是利用传统的时间序列计量手段进行参数估计，二是利用贝叶斯方法对 NK-DSGE 模型进行参数估计和模型比较。在前一环节分别估计了针对房地产价格缺口干预和针对房地产资产定价非效率因素进行干预的两种货币政策规则，并就参数估计方法的缺陷和参数估计结果进行讨论。后一环节在同一的新凯恩斯主义动态随机一般均衡框架下，构建了货币政策针对房地产价格缺口干预和针对房地产资产定价非效率因素进行干预的两个可比较的 NK-DSGE 模型，分别进行贝叶斯参数估计，并利用贝叶斯后验胜率进行了模型的比较。这一部分证实我国中央银行的确针对房地产资产定价非效率进行了货币政策干预。

第三部分是在第二部分实证研究结论的基础上进行的规范分析。由于上一部分证实了我国中央银行针对房地产资产定价非效率因素进行货币政策干预，这一部分的研究目的是从 NK-DSGE 模型的代表性经济主体的效用函数出发，设计福利最大化的货币政策规则。为了借助 NK-DSGE 模型的二阶近似解得到可靠的福利度量，首先要将模型还原成非线性形式，得到 NK-Philips 曲线的非线性递归形式和刻画模型均衡的非线性方程系统。随后利用仿真分析了模型所刻画的货币政策传导机制和外生冲击下的动态特征，分析了房地产价格、融资约束在经济系统所发挥的重要作用。在此基础上，利用仿真分别搜索耐心型家户、无耐心型家户、企业家部门以及社会福利最大化的局部最优和全局最优基准利率规则和货币供应量规则；利用货币政策有效前沿比较社会福利最大化的货币政策规则与传统的弹性通胀目标制货币政策规则的差异，并通过对社会福利目标函数进行分解讨论了这种差异存在的原因，揭示中央银行货币政策如何在稳定通胀、产出缺口、消费缺口及房地产缺口等目标间进行权衡和取舍。最后拓展分析了贷款抵押价值比和家户信贷结构对社会福利和最优货币政策选择的影响。

1.3.2　研究方法

本书在总体上遵循了从理论到现实再到理论、从抽象到具体再到抽象、从演绎到归纳再到演绎的研究路径。从简洁、规范的数理分析入手得到一般性假说，然后利用具体、繁杂的实际经济数据检验我国的货币政策调控模式，并以此为起点运用逻辑的规则推演货币政策调控的福利效果，寻找最优的货币政策调控规则。在方法论上，本书综合使用了经济学的实证分析和规范分析、统计计量与数理推导、静态分析与动态分析、局部均衡和一般均衡分析等方法。在具体的技术层面，针对上述三部分研究内容相应采用了不同的研究手段：

第一部分研究的理论部分主要运用了动态最优化的技术方法来推导央行损失最小化的货币政策规则，得到货币政策应当针对房地产资产定价非效率因素进行干预的一般性假说。在经验研究部分，主要运用全信息广义矩估计方法估计 IS-Philips-KM 模型联系方程系统参数，有效处理变量的内生性问题。随后通过对由货币政策规则和 IS-Philips-KM 模型构成的经济系统进行仿真，模拟并评价针对房地产资产定价非效率因素进行干预的货币政策的调控效果。

第二部分利用传统的时间序列计量手段和结构宏观计量方法，检验我国中央银行是否按照第一部分最优货币政策规则的要求对房地产资产定价非效率因素进行干预。前半部分利用具有良好性质的 GMM 和 FIML-VAR 方法分别估计基准利率规则和货币供应量规则。后半部分建了一个纳入房地产资产和融资约束形式金融摩擦的 NK-DSGE 模型，利用贝叶斯方法估计模型参数，同时得到基准利率和货币供应量规则；并利用对数边际密度计算贝叶斯后验胜率来进行模型的比较，利用高阶矩匹配来评价模型的有效性。

第三部分主要基于 NK-DSGE 模型的仿真来分析货币政策调控的福利效应，寻找福利最大化的货币政策规则。这一部分首先借助递归的思想得到 NK-Philips 曲线的非线性形式，通过对非线性 NK-DSGE 模型的数值模拟分析货币政策传导机制和模型在外生冲击下的动态调整特征。基于仿真和福利测算，利用格子检索手段分别得到全局最优的基准利率规则和货币供应量规则；利用本书提出的端点检索和逐步收缩检索空间的方法同时得到局部最优的基准利率规则和货币供应量规则。同样通过仿真和检索分析了市场结构对社会福利和最优货币政策选择的拓展问题。

1.4 技术路线及结构安排

1.4.1 技术路线

本书分析的主体建立在新凯恩斯动态随机一般均衡框架之上,利用这一框架进行的实证和规范分析检验了房地产资产定价非效率因素对我国货币政策的影响,并设计了福利最大化的货币政策规则。在进行主体分析之前需要得到货币政策规则的一般形式,因此文章首先利用动态最优化技术在 IS-Philips-KM 框架下求解央行损失最小化的货币政策规则,讨论房地产资产定价非效率因素在货币政策决策中应当发挥的作用;然后使用全信息 GMM 估计方法确认我国房地产资产价格中存在的非效率成分,通过全样本模拟和断代模拟论证:我国中央银行针对房地产资产定价非效率因素进行货币政策干预能够更好地平抑经济波动,从而提出了我国中央银行应当针对房地产资产定价非效率进行干预的结论。随后,基于上述结论,通过 GMM 和 FIML-VAR 分别估计了我国中央银行的利率调控规则和货币供应量调控规则,对参数估计结果进行了讨论,并分析了 GMM 和 FIML-VAR 的小样本缺陷。为了得到稳健的估计结果,构建了新凯恩斯动态随机一般均衡分析框架,根据货币政策规则的不同(传统货币政策规则和针对房地产资产定价非效率因素进行干预的货币政策规则)得到了同一框架下可比的两个 NK-DSGE 模型,利用贝叶斯方法进行参数估计和模型比较,最终得到我国中央银行针对房地产资产定价非效率因素进行干预的经验证据。在 NK-DSGE 模型和上述实证结论的基础上,利用仿真技术尝试解答当中央银行针对房地产资产定价非效率因素进行干预时各类经济主体和社会总福利水平受何影响,以及如何干预才能实现社会福利最大化的目标等问题。

技术路线见图 1-1:

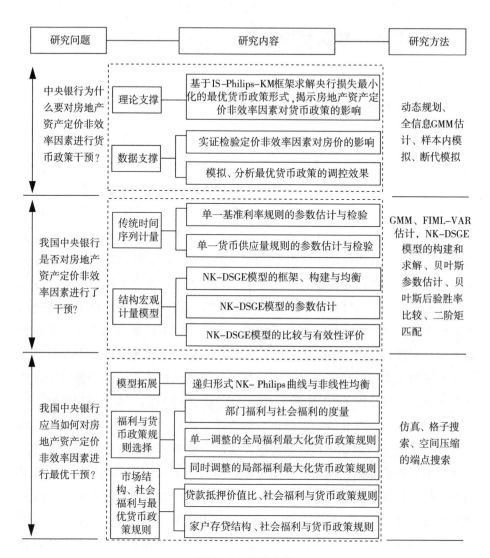

图1-1 技术路线

资料来源：作者根据写作逻辑整理。

1.4.2 结构安排

全书共分为六章，具体结构安排如下：

第1章为绪论，简单介绍了选题的现实背景、理论背景和研究意义，概述了本书主要的研究内容和方法、研究框架和结构安排，以及创新之处。

第 2 章是文献回顾，首先按照"争论—共识—批判"的研究主线回顾了传统的弹性通胀目标制货币政策框架共识达成的过程、内容、实践及目前遭受的挑战；随后从资产价格定价效率的角度出发，简要介绍在资产价格波动中的"泡沫""非理性""非效率"成分与货币政策的关系；随后回顾有关货币政策选择对社会福利影响，以及最优货币政策选择的相关研究成果；最后对现有研究成果进行简单的小结和评述。

第 3 章从理论上分析了房地产资产定价效率对最优货币政策规则影响的一般机理，并从实证上探讨了我国中央银行针对房地产资产定价非效率进行干预的必要性。首先基于中央银行损失函数和由 IS-Philips-KM 框架构成的经济约束环境求解最优货币政策规则，讨论房地产资产定价效率对最优货币政策规则的影响；随后利用我国的经济数据检验房地产资产定价中存在的非效率现象，从而佐证房地产资产定价效率对最优货币政策的影响；然后利用参数估计结果推导纳入房地产价格考虑的我国最优货币政策规则的数值形式，并进行随机模拟和货币政策调控效果的比较分析。

第 4 章实证检验我国中央银行是否针对房地产资产定价非效率因素进行了货币政策干预。首先利用时间序列计量方法（GMM 和 FIML-VAR）分别估计了货币政策利率和货币供应量对房地产价格缺口和房地产价格缺口中定价非效率因素的反应系数，进行比较分析，揭示其存在的问题；随后构建一个新凯恩斯动态随机一般均衡（NK-DSGE）分析框架，分别将房地产价格缺口和房地产价格缺口中定价非效率因素纳入中央货币政策规则方程，利用贝叶斯估计方法得到模型参数，并通过计算贝叶斯后验概率进行模型比较，得到结论。

第 5 章是基于 NK-DSGE 模型，从福利最大化的角度进行的规范研究。对上一章的 NK-DSGE 模型进行适当的补充和调整，尤其是对非线性 NK-Philips 曲线进行了细致刻画；随后分析了货币政策的传导机制，以及外生冲击下模型的动态响应特征；之后，介绍了福利度量方式，设计了福利最大化的货币政策规则，并进行了货币政策目标取舍的必要讨论；在此基础上，就市场结构对社会福利及最优货币政策选择的影响进行了拓展分析。

第 6 章总结了本书的基本研究结论，剖析了研究中的不足之处，并简单阐述了对未来研究方向的理解。

1.5　创新之处

本书的贡献和创新之处体现在以下三个方面：

第一，探讨了房地产资产定价非效率因素在最优货币政策决策中所应当发挥的作用，论证了货币政策针对房地产资产定价非效率因素进行货币政策干预的理论和现实必要性。在传统的弹性通胀目标制货币政策共识下，中央银行干预资产价格的唯一原因是后者的波动反映了市场对未来通胀和产出的预期。与此不同，本书在弹性通胀目标制分析框架下，基于央行损失函数和IS-Philips-KM框架，分析了房地产资产定价非效率因素（不反映通胀和产出预期的部分，同时也是价格偏离由资产定价模型决定的内在价值的部分）对最优货币政策规则的影响。数理推导结果揭示：当房地产资产价格波动不完全反映通胀和产出预期、受到定价非效率因素影响时，央行损失最小化的货币政策就应当予以干预。随后，利用中国经济数据，通过对IS-Philips-KM框架的联立方程系统进行全信息广义矩估计，证实中国房地产价格中包含了定价非效率因素；利用参数估计结果推导央行损失最小化货币政策规则，并通过数值模拟对其调控效果进行了全样本检验、断代检验以及不同货币政策干预模式间的比较分析，结果发现：针对房地产资产定价非效率因素进行干预的货币政策能够更有效地平抑经济波动。

第二，基于对NK-DSGE模型的贝叶斯估计和贝叶斯后验胜率，首次得到我国中央银行针对房地产资产定价非效率因素进行干预的证据。在传统的资产价格和货币政策相关实证研究中，绝大多数实证研究估计并检验了货币政策对房地产价格缺口的干预系数，而几乎没有涉及房地产资产定价效率的问题。本书利用我国经济数据，对由IS-Philips-KM框架得到的纳入房地产资产定价非效率因素的货币政策规则进行了参数估计。但是，传统的时间序列计量方法（即使是本书中采用的具有良好性质的GMM和FIML-VAR方法）在处理内生性和小样本偏差时存在一定的困难。因此本书在新凯恩斯动态随机一般均衡分析框架下，按照货币政策针对房地产价格缺口调控和货币政策针对房地产资产定价非效率因素调控构建了两个可比的NK-DSGE模型，借助贝叶斯方法得到参数估计值，并利用对数边际密度得到两个模型的贝叶斯后验胜率。结果发现，针对房地产资产定价非效率因素进行干预的模型能够更好地拟合我国经济数据。因此得到结论：我国中央银行针对房地产定价非效率因素进行了货币政策干预。除此之外，对 NK-DSGE 模型的贝叶斯估计能够同时得到我国中央银行的基准利率调控规则和货币供应量调控规则的参数估计值，这与现有文献中单独估计利率规则或单独估计货币供应量规则的做法不同，更加符合我国利率市场化程度不高、数量型货币政策工具和价格型货币政策工具并重的中央银行货币政策实践特征。

第三，基于对 NK-DSGE 模型的仿真和参数检索，从微观主体效用函数出发测算了社会福利，并研究了福利最大化的货币政策规则选择。文章引入递归形式 NK-Philips 曲线，得到非线性 NK-DSGE 均衡方程系统，提出基于代表性经济主体效用函数的福利度量方法；利用仿真、格子检索、端点检索和空间压缩的技术手段，得到了中央银行单独调整利率规则或货币供应量规则的全局最优方案，以及同时调整利率规则和货币供应量规则的局部最优方案。利用货币政策有效前沿揭示了福利最大化货币政策与我国目前现行货币政策规则、传统的央行损失最小化货币政策间的差异；通过社会福利函数的二次逼近解读了福利最大化货币政策规则稳定目标的取舍关系。在此基础上，拓展分析了贷款抵押价值比和家户存贷结构两种市场结构特征对福利的影响，以及对社会福利最大化货币政策规则选择的影响，为我国货币政策与其他类型调控政策的配合提供了参考。而在技术上，文章提出的端点检索和空间压缩方法能够在一定程度上解决最优货币政策规则检索中常见的"维度灾难"问题，大大缩减了高维搜索的计算量，为本领域的研究者提供了一种备选思路。

第 2 章
文献回顾

　　货币政策应当如何应对资产价格波动可以说是一个历久弥新的研究课题，伴随着每一次金融和实体经济的重大变动，研究者围绕这一课题总会产生广泛的争论和更全面的认识。从奥地利学派和凯恩斯学派关于货币职能的早期辩论开始，到如今学术界对金融危机前货币政策共识的严厉批判，近一个世纪内关于货币政策如何应对资产价格波动这一问题的研究主旋律总体上经历了"争论—共识—批判"的三个主要阶段。由于传统的弹性通胀目标制货币政策未能有效阻止 2007 年美国次级贷款危机和随后的金融危机，全球主要经济体（特别是新兴市场经济体）遭受了严重的经济增速下滑，甚至深陷于经济衰退的泥潭中。当下学术界和各国央行工作者正致力于完善货币政策框架，更新有关资产价格波动对货币政策影响的认识，寻找干预资产价格波动的最优货币政策规则。

2.1　资产价格波动与货币政策干预

2.1.1　货币政策是否干预资产价格波动的争论

　　在弹性通胀目标制货币政策框架确立之前，中央银行在货币政策决策时是否应当考虑资产价格波动的影响并对其进行适当干预一直处于长期争论之中。尤其是在 1996～2002 年，由美联储前主席艾伦·格林斯潘发起的关于"货币政策是否应当调控资产价格"的辩论，对这一领域的理论进展和各国央行的货币政策实践都产生了巨大的影响。受格林斯潘的号召，以及紧随其后的 1997 年东南亚金融危机和 2000 年美国网络经济泡沫破裂的影响，大量研究者投入这一领域中，形成了以切凯蒂、延贝里、利普斯基、瓦德瓦尼（Cecchetti、Genberg、Lipsky、Wadhwani）等为代表主张货币政策调控资产价格；以伯南克、格特勒（Bernanke、Gertler）等为代表反对货币政策调控资产价格的两种主流声音。

1. "干预论"持有者的观点

研究者主张货币政策应当干预资产价格波动的理由可以概括为以下三点：一是若货币政策忽视资产价格波动，那么当资产价格泡沫破裂时可能会对实体经济造成巨大冲击；二是资产价格波动反映了市场对实体经济的预期，中央银行能够也有必要利用资产价格波动中所隐含的预期信息来指导货币政策调控；三是资产价格波动，特别是资产价格泡沫的积累和破裂会对金融稳定造成威胁。

对于第一点，"干预论"持有者通常以美国 20 世纪 30 年代的"大萧条"、日本 90 年代开始的经济衰退为例阐述资产价格破裂给实体经济带来的巨大损失，支持在资产价格泡沫形成过程中进行货币政策调控的观点。如布兰卡德（Blanchard，2000）、波尔多和珍妮（Bordo and Jeanne，2002）在新凯恩斯框架下论证了资产价格泡沫导致资本和债务的过度积累，当泡沫破裂时会延长经济衰退。波尔多和珍妮（2002）认为，在资产价格泡沫形成过程中收紧货币政策固然会以短期产出下滑为代价，但是考虑到泡沫破裂时的巨大的成本，必要的货币政策干预仍然是有益的。切凯蒂等（Cecchetti et al.，2000）指出，对资产价格进行调控的货币政策能够降低资产价格泡沫形成的概率，从而也会降低投资周期型膨胀和收缩的风险。

对于第二点，古特哈德和史密斯（Goodhart and Smith，1993）、古特哈德和霍夫曼（2000）认为，货币政策盯住的目标应该不仅仅是商品和服务的价格，而且应当包括商品和服务的未来价格，虽然这些未来价格不能够直接观测到，但一定程度上可以用资产价格代替。换言之，他们认为资产价格波动反映了对未来通货膨胀的预期，应当被纳入一个更广泛的物价指数中，作为货币政策盯住的目标，这一逻辑与阿尔奇安和克莱因（Alchian and Klein，1973）一致。菲拉多（Filardo，2000，2001）通过构建一个小型宏观经济模型发现，如果资产价格对产出和通胀率的影响不受其他不确定性因素影响，那么货币政策应当对资产价格波动做出反应。在随后的研究中菲拉多（2004）

提出，不仅货币政策需要对资产价格泡沫进行调控，财政政策和金融监管均应发挥相应的作用。穆萨（Mussa，2003）指出，包括股票、债券、房地产和外汇在内的关键资产的价格都是十分重要的宏观经济变量，它们的波动会显著影响货币政策最关心的通货膨胀率和产出缺口指标。因此穆萨建议应该将资产价格波动作为货币政策调控的主要对象之一，或者说货币政策调控的主要目标之一就是维持资产价格稳定。切凯蒂等（Cecchetti et al.，2000）更全面地阐述了资产价格与通胀的关系，一方面在测算核心通货膨胀率时必须考虑关键资产（特别是房地产）的价格才能获得对通胀的全面认识，另一方面资产价格不仅可以用来预测未来通胀预期率，而且是传递通胀冲击的重要渠道，甚至本身就是产生通胀冲击的重要原因。与古特哈德和穆萨不同，切凯蒂等强调，他们并不认为中央银行应当把资产价格稳定作为货币政策调控的目标，而应通过干预资产价格来更好地实现目标通胀率。

对于第三点，主张货币政策调控资产价格的学者还看到了资产价格泡沫破裂对金融稳定的影响。肯特和劳氏（Kent and Lowe，1997）利用一个简洁的理论模型刻画了资产价格泡沫形成和货币政策的反应，发现资产作为金融中介信贷的重要抵押品，资产名义价格的迅速下跌会对金融体系的稳定造成不利影响。他们提出，在资产价格泡沫形成的过程中，中央银行有必要通过紧缩的货币政策工具抑制泡沫的累积，避免最终形成巨大资产价格泡沫乃至崩溃对金融体系稳定的不利影响。米什金和怀特（Mishkin and White，2002）研究了 20 世纪美国经历的 13 次股票市场快速下跌造成的经济后果，他们发现金融稳定在股价泡沫破裂和实体经济危机之间扮演了关键角色：当股价泡沫导致金融体系不稳定时，会给实体经济带来巨大的损失，因此在这种情形下货币政策有必要进行适当干预。奥特纳和白冢（Okina and Shiratsuka，2002）分析了日本在 20 世纪 90 年代的货币政策失误，认为伯南克和格特勒（Bernanke and Gertler，2000）提出的灵活目标通胀制总体上是合理的，但是必须认识到宏观经济和金融稳定并非必然一致。以日本为例，资产价格泡沫形成于低通胀和产出稳定增长的背景下，这使得日本中央银行错失了控制资产价格泡沫的最佳时期，随后又低估了金融失衡对实体经济的损害程度，最终将日本经济带入长期衰退。

2. "不干预论"持有者的观点

主张货币政策不应干预资产价格波动的研究者主要是出于以下考虑：

一是利用货币政策刺破资产价格泡沫很可能会带来巨大的实体经济成本。科格利（Cogley，1999）通过比较"大萧条"和 1987 年股灾时的货币政策后果指出，1928 年美联储通过收紧货币政策抑制股票市场的投机性泡沫是导致"大萧条"的主要原因（同样可见弗里德曼和施瓦兹、艾肯格林和费特斯/Friedman and Schwartz，1963；Eichengreen and Fetters，1991）。布拉德和斯凯林（Bullard and Schaling，2002）在一般均衡框架下研究了资产价格是否应该成为货币政策目标之一，发现如果将资产价格纳入货币政策规则不仅不会改善经济表现，反而会造成相当大的损害。古特福莱德（Goodfriend，2003）从汇率的角度指出，对于追求物价稳定的大型封闭经济体而言，将汇率价格波动纳入货币政策考虑将会损害产出的增长。考虑到紧缩的货币政策刺破资产价格泡沫面对的困难和可能付出巨大代价，科格利（Cogley，1999）指出，中央银行不妨不对资产价格泡沫进行干预，任由资产价格泡沫自然破裂。他以1987 年美国股灾为例指出，美联储只需在泡沫破裂后采取及时应对，就能够将实体经济的损失控制在可以接受的范围内。

二是货币政策干预资产价格波动会增大宏观经济的波动性。伯南克和格特勒（Bernanke and Gertler，2000）将外生的资产价格泡沫纳入伯南克等（Bernank et al.，1999）提出的金融加速器模型，刻画资产价格泡沫通过财富效应和金融加速器效应影响实体经济的机理，通过随机模拟发现，针对资产价格波动进行调控的货币政策会增大产出缺口和通货膨胀率的波动。随后，伯南克和格特勒（2001）利用相同的模型随机模拟了一些其他形式的货币政策规则，进一步验证了之前的结论：在资产价格波动存在的情况下，积极的目标通胀制货币政策规则能够稳定产出缺口和通货膨胀率，针对资产价格波动调整货币政策利率不会带来显著的益处。米什金（Mishkin，2007）、比恩（Bean；2003，2004）支持了伯南克和格特勒（2000，2001）的结论，他发现弹性通胀目标制货币政策的确将产出缺口预期和通胀预期的未来路径纳入了考虑，因此货币政策没有必要再针对资产价格波动进行调整。古特福莱德（2003）以日本和美国为例，指出货币政策利率与资产价格波动的相关性显著降低，资产价格波动在预测总需求和通货膨胀率的工作中将继续扮演重要角色，但不会直接影响货币政策利率。

三是中央银行利用货币政策调控资产价格存在现实困难。一方面，如格林斯潘（2002，2004）所言，健全的金融市场机制下货币当局不比公众掌握更多关于资产价格的信息，很难判断资产价格是否存在泡沫，也很难识别出资产价格波动的内在原因，因此管理资产价格泡沫将面临困难。另外，根据丁伯根法则（Tinbergen Rule），当政策目标数量多于政策工具数量时可能会出现调控难题，因此，单一的利率工具有可能难以同时实现物价稳定和金融稳定。这些观点在本轮金融危机之后得到了米什金（Mishkin，2011）、泰勒（Taylor，2009，2010）、比恩（2008）及珀森（Posen，2010）等进一步的证实。

2.1.2 弹性通胀目标制货币政策共识的形成

尽管 1996～2002 年的论战双方在货币政策对待资产价格波动的问题上看似持有完全相反的观点，但事实上这一阶段的"干预论"和"不干预论"已经走在了达成共识的路上。在早期（1996 年之前）的论辩当中，双方并没有很好地区分货币政策目标和货币政策规则，部分"干预论"支持者要求中央银行将资产价格波动作为货币政策的调控对象，即将资产价格波动纳入货币政策规则方程；而持"不干预论"观点的学者则本质上反对的是将资产价格稳定作为货币政策调控目标。因此，论战双方并不在一个共同的平台上进行对话（斯文森/Svensson，2009）。出现这种奇怪现象的原因在于彼时研究者对货币政策的理解停留在公式化的货币政策操作规则层面上，在从"相机决策"向"货币政策规则"转变的过程中，尽管基德兰德和普莱斯考特（Kydland and Prescott，1977）、巴罗和戈登（Barro and Gordon，1983）以及布兰卡德和费舍尔（Blanchard and Fischer，1989）等尝试以中央银行行为的动态最优解来诠释货币政策规则，但并没有一个广泛接受的分析框架来区分货币政策目标与货币政策规则。

随后在巴罗和戈登（1983）的基础上，斯文森（1997，2003）构建了一套可用于分析最优货币政策的理论框架，为弹性通胀目标制货币政策共识奠定了坚实的基础。斯文森提出，最优货币政策规则是在经济环境约束下，最大程度利用可得信息来最小化中央银行跨期损失的货币政策利率路径。中央银行损失函数只受通货膨胀缺口和产出缺口的影响，意味着货币政策的调控目标只包括通货膨胀率和产出缺口。因此，对于最优货币政策是否应当调控资产价格这一问题，研究者的分歧被缩小为如何理解资产价格在约束方程中的角色。

在斯文森构建的分析框架下，"干预论"和"不干预论"双方的观点便能够在一定程度上得到统一。例如，"干预论"的代表人物切凯蒂等（Cecchetti et al.，2000）明确指出，他们并不是建议中央银行刺破资产价格泡沫，也不认为货币政策应该盯住特定水平的资产价格，而是强调资产价格可以反映核心通货膨胀预期，建议中央银行进行逆风向（leaning against the wind）调控。因此，"干预论"并不违反弹性通胀目标制货币政策的基本目标，而是要求将资产价格波动引入货币政策调控规则。另一方面，"不干预论"的代表人物伯南克和格特勒（2000，2001）也并非认为货币政策不能干预资产价格，而是反对将资产价格稳定作为货币政策的目标；如果资产价格波动反映了通胀预期的变化，货币政策可以对资产价格波动做出反应。

因此，"干预论"和"不干预论"在弹性通胀目标制货币政策框架下达成了共识。伯南克和格特勒（2001）对弹性通胀目标制以及货币政策如何应对资产价格波动这一问题给出了"结论式"的陈述：在短期货币政策调控中，物价稳定和金融稳定是高度互补的、一致的目标，而弹性通胀目标制是能够同时实现两者的统一的货币政策框架；但是除非资产价格波动反映了通胀预期的变化，货币政策方程不应当对资产价格波动做出反应。换言之，资产价格波动中隐含的未来实体经济预期信息是引起货币政策干预的唯一原因。格林斯潘在 2002 年的全球央行会议上进一步肯定了资产价格在央行货币政策工作中应当发挥的决策，同时指出了货币政策干预资产价格波动的现实困境，为长达七年的争论给出了最终答案，极大地推动了弹性通胀目标制货币政策框架在全球范围内应用。

2.1.3 金融危机后对传统弹性通胀目标制的批判

直至 2008 年美国金融危机爆发之前，美联储及其他主要经济体的中央银行大都遵照弹性通胀目标制货币政策框架的基本原则来看待资产价格波动在其货币政策决策中所发挥的作用。在这一阶段，全球主要经济体正处于经济增长稳健和通货膨胀率相对温和的"大稳健"时期。因此，传统的弹性通胀目标制货币政策框架也一度被认为是"科学的货币政策"。但是，到了2007年底，美国房地产次级贷款危机爆发使得资产价格泡沫问题重新进入货币政策研究者的视线中。随后诱发的金融危机和全球范围内的经济衰退则进一步让传统通胀目标制成为被质疑和批判的对象，其中最有影响力的观点则是：传统的通胀目标制货币政策对资产价格波动的应对模式不能够有效抑制资产价格泡沫的产生和累积，忽视了金融稳定的重要性，也低估了金融失衡对实体经济的潜在威胁。

美国房地产价格泡沫的急速累积和破裂表明，资产价格波动隐含的产出缺口和通货膨胀预期信息不足以引导货币政策做出适当的调整。而且，虽然在某些年份物价稳定和金融稳定的确会同时发生，但并不是必然保障的。例如，在1970年代金融稳定的同时出现了通货膨胀，而在2000－2004年物价稳定的同时发生了金融失衡（马利亚里斯/Malliaris，2012）。博利奥和怀特（Borio and White，2004）指出，在过去的30年里，无论是在发达国家还是发展中国家，物价稳定时期发生金融失衡并对实体经济造成损害的频率越来越高。格林斯潘（2004，2005）指出，物价稳定降低了实体经济的波动，但同时提高了金融市场波动。因此，物价稳定或者说实体经济稳定并不是金融稳定的前提条件，也不能有效保障金融稳定的实现；而伯南克和格特勒（2000）提出的"物价稳定和金融稳定是互补的，可以通过合理的货币政策同时实现"在这一段经济发展历程中并没有出现。

在这种情况下，当实体经济环境相对稳健，资产价格的异常波动所体现的产出缺口和通胀预期信息成分相对较少时，传统的弹性通胀目标制货币政策倾向于忽视资产价格泡沫可能造成的金融失衡风险。一方面，温和的经济环境本身容易滋生资产价格泡沫和资本市场的"非理性繁荣"。例如，米什金（2011）指出，2007年金融危机爆发之前，通货膨胀率和产出波动长期维持在较低水平使得市场参与者低估了金融风险，贷款风险升水和债券承销标准都显著下降。波尔多和惠洛克（Bordo and Wheelock，2004，2007）利用美国和其他9个国家的经济数据进行实证研究发现，大部分资产价格泡沫产生于实体经济和信贷的快速增长以及物价稳定时期。甘巴科尔塔（Gambacorta，2009）从理论上证明温和的经济环境可能会鼓励过度的风险承担行为，进而提高金融体系的脆弱性。

另一方面,在温和经济环境下,特别是当通货膨胀率水平较低时,货币政策立场通常相对宽松,一定程度上鼓励了市场上的风险承担行为,加速了资产价格泡沫的膨胀。例如,贾利万德等(Jalivandet al.,2010)指出,美国从 2000 年网络经济泡沫危机中恢复之后,通货膨胀率一直稳定在较低水平,这使得美联储能够长时期维持较低的联邦基金利率,刺激了房地产市场需求,为次级房地产抵押贷款和次级贷款证券化急剧膨胀创造了条件,最终导致金融失衡。马尔利亚里斯(Malliaris,2012)在回顾美联储在整个"大稳健"时期的货币政策实践和货币政策研究时提出严厉的批评,认为"中央银行与其研究货币政策如何对资产价格泡沫进行调控的问题,不如反思他们造成了多少资产价格泡沫和金融危机"。

2.2 资产定价效率与货币政策传导机制

尽管传统的弹性通胀制货币政策框架在 2008 年金融危机之后遭受了广泛的批判和严重的挑战,但是其作为货币政策分析框架仍有可取之处。斯文森(2009)指出,弹性通胀目标制是金融危机之前最佳的货币政策分析框架,即使在金融危机之后也并不需要对其全盘否定;在弹性通胀目标制框架下,中央银行需要尽可能地利用包括信贷增长、资产价格、金融失衡、潜在泡沫等金融状况信息来形成产出缺口和通货膨胀的预期,而目前唯一需要改变的是重新认识资产价格在货币政策传导机制中所发挥的作用。在这其中有两个要点需要厘清:一是资产价格形成机制与其中包含的效率和非效率要素;二是资产价格的定价效率对货币政策传导机制的影响。

2.2.1 资产价格要素与定价效率

资产价格一般被认为由基本面要素(fundamental component)和非基本面要素(non-fundamental component)构成。前者被称为资产的内在价值,一般可由资产定价模型给定;而后者则被称之为泡沫(bubble)、摩擦(friction)、噪声(noise)、动量(momentum)等,一般被认为是资产价格中的非效率成分(Blanchard,1979;Blanchard and Watson,1982;Campbell and Kyle,

1993；Case and Shiller，1989；Kortian，1995；Kontonikas and Montagnoli，2006；姜春海，2005；李成等，2010）。

从历史经验来看，资产价格的非效率成分是固然存在的，有效市场假说中提到的完全定价效率市场在目前看来仍然仅仅是理想状态。尽管蒂罗尔（Tirole，1982；1985）、韦伊（Weil，1987）论证了无限时间、无限交易者或有限交易者假设下，资产价格的非效率成分在理论上不可能存在，但是更多的理论和实证研究结论表明资产价格中的确存在非效率因素，例如由非理性市场主体进行的"噪声交易"造成的定价偏差（Campbell and Kyle，1993）、由投资者和资产管理者间的代理问题引起的资产价格泡沫（Allen and Gorton，1992）以及利用资本市场信息不对称进行价格操纵造成的资产价格异常波动（艾伦/Allen，1993）等。

在所有类型的资产定价非效率中，凯斯和席勒（Case and Shiller；1987，1989）、亚伯拉罕和亨德肖特（Abraham and Hendershott，1994）、米尔鲍尔和墨菲（Muellbauer and Murphy，1997）等通过实证研究发现，投机行为是造成资产价格偏离内在价值的最主要的形式，是资产价格形成的决定性因素之一。姜春海（2005）将这种由投机行为导致的资产价格泡沫定义为：由市场交易主体系统性上涨预期和投机行为而引发的资产价格脱离市场基础决定的基本价值的持续上涨，其包含了三大要素：一是同质预期，即市场主体对资产价格未来走向预期相同，这种同质性预期一般而言只能与资产价格的近期趋势方向相同；二是投机行为，即市场主体利用资产价格趋势和同质性预期进行买进卖出，赚取差价，从而进一步推动投机性泡沫的膨胀；三是市场参与主体的有限理性、市场信息不对称、市场摩擦等因素，这些使得资产价格长期偏离内在价值。

在货币政策领域，涉及资产价格构成要素的研究中最有影响力的是康通尼卡斯和蒙塔尼奥利（Kontonikas and Montagnoli，2006）。他们在康通尼卡斯和约安尼季斯（Kontonikas and Ioannidis，2005）的基础上，提出资产价格由基本面价值部分和非基本面价值部分（ $q_t = q_t^* + q_t^{NF} = q_t^* + b\Delta q_{t-1}$ ），后者是根据金融市场行为特征提炼出的资产价格近期趋势所产生的影响。这种资产价格前期趋势对本期价格的影响被称为"动量"作用，反映了由市场参与者的预期、情绪及投机行为造成的资产价格对内在基本面价值的偏离。科尔田

（1995）指出，现代资产交易的各种特征都证实了这种"动量"作用的存在，例如被广泛使用的技术分析手段的根本假设就是能够从资产价格以往的运动特征中预测未来价格；止损订单、动态对冲策略、投资组合保险等投资策略都是利用了资产价格波动趋势。康通尼卡斯和蒙塔尼奥利（2006）关于资产价格非效率要素的设定是：过去的价格趋势会影响当前价格；与之相反的是弗伦克尔和穆萨（Frenkel and Mussa，1985），他们认为，大部分资产价格由其内在价值和预期趋势决定（ $q_t = q_t^* + bE_t[\Delta q_{t+1}]$ ）。因此康通尼卡斯和蒙塔尼奥利（2006）[4] 可以视作弗伦克尔和穆萨的后顾式（backward looking）的版本，或适应性预期版本。在实证研究中，另外一个具有影响力的资产价格分解方式来自凯斯和席勒（Case and Shiller，1989），他们认为房地产价格由地区房地产价格平均水平、房地产价格的时间偏移项以及市场不完善而造成的随机价格扰动构成（ $P = C + T + N$ ）。前一项反映了房地产价格的基本面价值或内在价值，而后两项则代表了定价的非效率成分。

明确了资产价格的构成要素，那么资产定价效率则不难理解：资产价格中的非效率成分越大则定价效率越低，反之则定价效率越高。根据康通尼卡斯和蒙塔尼奥利的研究，当 $b = 0$ 时资产价格仅由其内在价值决定，定价效率达到最大化。此时，在有效市场假说框架下，资产价格仅受反映资产内在基本面价值的市场新信息和令资产价格回归到其内在价值水平的套利行为的影响。

2.2.2 货币政策传导中的资产价格作用机制

资产价格在货币政策传导中发挥了重要作用，一般而言，通过以下几种渠道产生影响：货币渠道、资产负债表渠道、银行贷款渠道等。而从现有的文献资料来看，货币渠道很大程度上也是以利率作为中介发挥影响，因此，研究的重点一般集中于后两者，可统一划归为广义信贷渠道（Borio，2011；张雪兰和何德旭，2012）。

1. 资产价格影响货币政策传导的资产负债表渠道

资产价格通过资产负债表渠道影响货币政策效果的传导机制如下：当资产价格上升时，资产持有者的资产净值增加，资产负债表状况得到改善。银行会根据改善后的资产负债表状况提高企业的贷款限额，降低贷款门槛，最终投资和消费需求上升，拉动经济增长。因此，资产价格与经济增长之间形成"顺周期"相互拉动的格局。

在不完全信息理论出现后，以借贷双方信息不对称为主要形式的金融摩擦被引入分析模型，产生了以"金融加速器"（简称 BGG 模型）为核心的基础信贷渠道分析框架。伯南克等（1996）提出，信贷市场摩擦引发代理成本，使得企业外部融资成本明显高于内部融资成本，其融资升水部分反向取决于企业净资产。由于融资升水是逆经济周期的，当经济受正向冲击时，企业借贷成本低，进一步推动经济增长。资产负债表渠道作用的前提是借款者的融资升水取决于企业资产净值，两者呈负向相关关系（伯南克和格特勒/Bernanke and Gertler，1995）。清泷和摩尔（Kiyotaki and Moore，1997）构建动态经济模型描述微小冲击造成宏观经济总量出现持续波动的机理发现，受信贷约束的企业净值是金融加速器效应的核心。伯南克等（1999）将"金融加速器"融入动态一般均衡的模型，并加入价格黏性及投资滞后的假说，通过仿真技术展示了金融加速器对宏观经济波动的解释力。伯南克和格特勒（2000）在之前研究的基础上对 BGG 模型进行拓展，研究股价对宏观经济的影响，并提出弹性通货膨胀目标制，即货币政策需盯住由资产价格波动带来的通胀压力，并适时予以响应。奥克等（Aoki et al.，2004）基于英国信贷市场结构变化研究房地产市场的金融加速器效应，认为住房抵押的消费借贷成本减少使得货币政策冲击对消费、住房价格以及投资产生影响。米安和苏非（Mian and Sufi，2010）发现，由资产负债表状况改善导致的家庭过度消费是 2007～2009 经济衰退先兆：经济繁荣时，家庭依靠信贷市场过度进行房地产投资，当经济陷入衰退时，房地产市场泡沫破裂，信贷市场出现大量违约，导致宏观经济波动，出现危机。诺塔尔彼得罗和西维耶罗（Notarpietro and Siviero，2015）运用 DSGE 模型研究了欧元区房地产价格的金融加速器效应，认为金融摩擦的大小决定了宏观经济对房价波动的响应。

2. 资产价格波动影响货币政策传导的银行贷款渠道。伯南克和布林德（1992）认为，狭义的银行贷款渠道是指货币政策通过公开市场操作等手段影响银行存款数量，客观上制约商业银行贷款规模，影响信贷市场供给，贷款成本发生变化。借款者据此调整贷款计划，导致资金需求改变，引起支出水平波动，从而影响社会总需求。艾克威罗（Iacoviello，2005）在动态随机一般均衡模型中引入房地产价格和由房地产价格决定的信贷约束，认为信贷约束的存在扩大了房地产价格变化对宏观经济的影响，受抵押贷款约束的购房者具有明显的顺周期性特征，内格罗和奥戳克（Del Negro and Otrok，2005）也得到了类似的结论。比尔兰和杰克布森（Bjørnland and Jacobsen，2009）运用结构 VAR 模型验证了房价波动对美国、英国等国货币政策传导的重要影响。古特哈德和霍夫曼（Goodhart and Hoffmann，2008）认为房价、货币政策变量与经济总产出之间的关系显著，当房价处于上升期时冲击对货币和信贷的影响会更加明显。

随着对货币政策银行贷款渠道研究的深入，越来越多的学者质疑货币政策完全中性的假说，提出"货币政策立场"（monetary policy stance）这一概念。换言之，相对于既定的经济目标而言，现阶段的货币政策是松弛还是紧缩会影响商业银行的风险感知和风险承担行为，进而对政策效果产生影响，也就是"银行风险承担渠道"（bank risk-taking channel）理论。这一理论为研究资产价格影响货币政策传导提供了新的视角。贾格尔和瓦尔德拉玛（Gaggl and Valderrama，2010）认为，风险承担渠道是广义信贷渠道的延伸与发展，是通过改变投资者对风险的容忍程度而作用于投资决策。洛佩兹等（López et al.，2011）指出，现有宏观经济模型不够重视银行风险承担行为给房地产价格波动带来的冲击效应。德利斯等（Delis et al.，2012）表示，银行的风险承担行为具有明显的顺周期特征，因此包括房地产市场在内的资本市场都会表现出顺周期效应，这使宏观经济的系统性金融风险加大。帕里戈洛娃和桑托斯（Paligorova and Santos，2012）研究发现，宽松的货币政策有助于推动房地产价格上涨，商业银行有主动承担风险、加大贷款力度的动机，甚至贷款给次级房地产贷款客户。当房价下跌，借款人无力还款，商业银行会将出现坏账的风险转移给中央银行，最终影响宏观经济稳定。

最后，无论是货币政策的资产负债表渠道还是银行贷款渠道，在我国都有着现实表现，在最近的文献资料中得到了广泛验证。例如崔光灿（2006）利用基于 BGG 模型的两部门动态宏观经济学模型、赵振全等（2007）利用门限向量自回归模型、黄静（2010）利用 DCC - MGARCH 模型、郑忠华和邸俊鹏（2012）、陈诗一和王祥（2016）借助纳入房地产市场的动态随机一般均衡模型，都证实了金融加速器效应和资产负债表渠道的存在；李宏瑾（2005）

基于面板数据参数估计、高波和王先柱（2009）借助向量自回归模型、谭政勋和王聪（2011）基于动态随机一般均衡模型、张雪兰和何德旭（2012）基于动态面板的广义矩估计，检验并讨论了我国货币政策的银行信贷渠道和最新的风险承担渠道的货币政策传导机制。

2.2.3 资产定价效率对货币政策传导机制的影响

传统的货币政策传导机制研究大多侧重于资产价格波动本身通过资产负债表渠道和银行信贷渠道对消费、投资的影响，现有文献中很少涉及资产定价效率对货币政策传导机制的影响。但是，由于定价非效率成分是资产价格的重要构成要素之一，必然在货币政策传导中发挥作用。根据姜春海（2005）的研究，资产价格泡沫一旦形成，会放大经济波动，加大经济体系的不稳定性；会扭曲价格信号和市场机制，导致资源错配和无效率。因此，不应忽略资产定价效率对货币政策传导机制的影响。

康通尼卡斯和蒙塔尼奥利（2006）在分析资产价格对最优货币政策的影响时，假定中央银行在一组经济约束下最小化中央银行损失。这些约束刻画了货币政策工具和其他宏观经济变量间（产出缺口、通货膨胀率及资产价格）的内在互动机制，其中的一个重要假设即是：资产价格中包含的基本面价值 q_t^* 和非效率成分 q_t^{NF} 均会影响实际产出缺口。康通尼卡斯和蒙塔尼奥利（2006）模型的设定方式与菲拉尔多（2004）一致，但和斯梅茨（Smets，1997）和格伦等（Gruen et al.，2005）不同，后两者分别认为实际产出缺口只受资产的基本面价值或非效率成分的单独影响。康通尼卡斯和蒙塔尼奥利（2006）指出，如果所有消费者都满足永久收入消费者（permanent income consumer）的假设，那么产出缺口可能只受资产价格中基本面价值的影响；但是实证研究显示，无论是由基本面变化还是资产价格泡沫变化导致的资产价格波动，都会影响社会消费和投资。因此，尽管并没有太多实证研究专门针对资产定价效率对货币政策传导机制的影响进行检验，理论上这种影响是存在的。

2.3　货币政策选择与社会福利

从泰勒（Taylor，1993）开始，货币政策对社会福利和实体经济周期的影响就成为货币经济学领域的一个关键课题。在存在名义黏性（价格黏性或者工资黏性）的经济世界里货币是非中性的；货币政策会对实体经济变量产生影响，进而作用于社会福利（克拉里达等/Clarida et al.，1999；雅各布等/Jakab et al.，2010）。因此，在过去的二十年里，研究者不懈地寻找"好"的货币政策规则，形成了大量的研究成果（金姆/Kim，2003）。研究者或是基于特定的模型提出各种最优的货币政策规则（爱兰德/Ireland，1996；克拉里达等/Clarida et al.，1999、2001；多西等/Dotsey et al.，1999；诺特博格和伍德福德/Rotemberg and Woodford，1997；伍德福德/Woodford，1999；可汗等/Khan et al.，2003；法伊纳和莫纳赛里/Faia and Monacelli，2005；菲奥里和特里斯塔尼/Fiore and Tristani，2013；常等/Chang et al.，2013）；或是在不同的宏观经济环境设定下比较不同货币政策的社会福利（亨德森和金姆/Henderson and Kim，1999；麦科勒姆和尼尔森/McCallum and Nelson，1999；鲁德布施和史文森/Rudebusch and Svensson，1999；安德烈等/Andréset al.，2013；诺塔尔彼得罗和西维耶罗/Notarpietro and Siviero，2015），抑或是检验常见的货币政策规则在各种结构模型中表现的稳健性（莱文等/Levin et al.，1999；亚当和伍德福德/Adam and Woodford，2012）。从所有这些研究中都能够看出，社会福利既是货币政策选择的"因"，也是货币政策选择的"果"，不可割裂地探讨两者中的任意一个。

2.3.1　货币政策决策中的社会福利考量

中央银行选择的货币政策目标反映了其在货币政策决策中所考虑的社会福利的内容。从布雷顿森林体系崩溃到弹性通胀目标制货币政策框架形成的半个世纪里，曾一度作为中央银行货币政策目标的包括：汇率目标制、货币目标制、通胀目标制、名义产出目标制、预期通胀目标制等①。在这些单一货币政策目标制下，中央银行在制定货币政策决策时所考虑的社会福利则相对比较简单，对应于所选择的货币政策目标。

而在史文森（1997）、鲍尔（1999）以及伯南克和格特勒（2000）之后，弹性通胀目标制货币政策框架逐渐形成。根据弹性通胀目标制，货币政策的目标是将通货膨胀率控制在目标值水平，同时使资源使用率维持在一个正常水平，换言之，也就是将实体经济增长速度维持在广义的生产要素充分就业水平。据此，大量文献资料中研究者通过设定一个非结构性的中央银行损失函数来刻画社会福利；损失函数的形式通常是实际产出缺口波动率和通胀波动率的加权平均。例如，史文森（1997）定义了一个关于产出缺口和通货膨胀率的二次型央行损失函数，以产出缺口平方项和通货膨胀率平方项的加权平均衡量社会福利损失；莱文等（1999）用季度产出缺口和通货膨胀率方差的加权平均值来衡量社会福利损失；史文森（1999）在此基础上增加了名义利率的波动性；苏里科（Surico，2007）定义了一个林奈克斯形式的央行损失函数，同样以产出缺口、通胀率及名义利率的波动性的加权平均值作为社会福利损失的度量②。国内学者如殷波（2009）、唐齐鸣和熊洁敏（2009）、李成等（2010）、谭政勋和王聪（2015）等也都是利用二次型央行损失函数来刻画社会福利。

由于上述中央银行损失函数设定时权重选择具有随意性（ad hoc），一些学者为了克服这一问题，选择从代表性个体的效用函数出发来考察货币政策的福利效应，例如，吉洛尼（Ghironi，2002）在系统变量服从对数正态分布的假设下，直接计算家户效用的非条件期望来衡量社会福利。与吉洛尼（Ghironi，2000）不同，更多的研究者利用二次逼近法（quadratic approximation）来获得社会福利的近似度量并分析社会福利的具体构成。在这些研究中，特博格和伍德福德（Rotemberg and Woodford，1997）奠定了坚实的基础，

---

① 这些在早期就已经出现的货币政策目标并没有完全被取代，相反，一些到如今仍然有不小的影响力，例如目前包括新西兰、加拿大等在内的许多国家仍然采用通胀目标制；名义产出目标制在本轮金融危机之后仍然被广泛讨论（麦卡勒姆和尼尔森/McCallum and Nelson，2010）。

② 苏里科（Surico，2007）定义的林奈克斯（Linex）形式损失函数与一般的二次型（Quadratic）损失函数不同，正、负产出缺口和正、负通胀缺口造成的社会福利损失是不对称的。二次型损失函数是林奈克斯函数的一个特例。

他们构建了一个具有微观基础的新凯恩斯主义结构宏观模型（new Keynesian model，NKM），通过对代表性家户的效用函数进行二次逼近，借助微观决策方程的对数线性化近似，得到了社会福利损失与通货膨胀率的关系。由标准 NKM 可以推导得到新凯恩斯主义菲利普斯曲线（new Keynesian Philips curve，NKPC）：$\pi_t = \beta E\pi_{t+1} + \kappa(y_t - y^*)$。从社会福利的角度来看，NKPC 表明，稳定通胀的目标和稳定产出缺口的目标是一致的，换言之，无论是以稳定通胀还是以稳定产出缺口为目标的货币政策都能实现社会福利损失最小化。布兰查德和盖里（Blanchard and Gali，2007）将标准的 NKM 体现这一特征称之为"天意巧合"（divine coincidence），其出现的内在原因在于：价格黏性是标准 NKM 中唯一存在的市场扭曲形式，零通胀假设下产出的均值恰好等于有效产出水平。

在标准的 NKM 中，货币政策不用考虑在稳定通货膨胀和稳定产出缺口之间进行权衡、取舍；但是，中央银行的货币政策实践却表明货币政策在稳定通胀的同时，通常不得不一定程度上牺牲产出（布兰查德和盖里/Blanchard and Galí，2007）。为了弥补标准 NKM 的这一缺陷，研究者逐步将其他形式的市场扭曲引入模型中，社会福利的构成也更加复杂。例如，布兰查德和盖里（2007）将实际工资刚性引入 NKM 后，社会福利损失由通货膨胀率缺口和产出缺口共同决定，中央银行制定货币政策时需要在两者间进行权衡。埃尔采格等（Erceg et al.，1999）假定劳动力市场和产出品市场均存在垄断竞争和交错定价合约，则社会福利由产出缺口、通货膨胀和工资通胀共同决定。安德烈等（Andrés et al.，2013）将信贷价差和抵押约束两种金融摩擦引入 NKM 后，社会福利由通胀、产出缺口、借贷双方消费的缺口以及抵押资产在借贷双方的分配比例四个要素构成。因此，随着模型的逐步完善，货币政策决策中所需要权衡的社会福利构成要素也越来越多。

2.3.2　社会福利最大化的最优货币政策规则

如何选择社会福利最大化的最优货币政策规则实质上是上一节回顾内容的"对偶"问题：在弄清了货币政策对社会福利的影响之后，通过特定的最优化技术就能够得到社会福利最大化的最优货币政策规则。从现有的文献来看，获得最优货币政策规则通常是通过构造一个线性二次最优控制问题（linear quadratic optimal control，LQOC），求解得到货币政策利率或货币供应量的配置路径。针对上一节中直接假设央行损失函数和通过二次逼近效用函数得到福利损失函数的两种情形，求解最优货币政策规则略有不同。

第一种情形相对比较简单。设定二次型（或其他形式，如 LINEX 函数形式）的中央银行损失函数和由线性方程系统构成的约束条件，则最优货币政策为最小化中央银行跨期损失的利率（货币供应量）路径；利用动态规划技术即可得到最优货币政策规则方程。例如史文森（1997）假定中央银行目标为最小化产出缺口和通胀缺口二次项的加权平均值，假定央行决策受到 IS 曲线和 Philips 曲线的共同约束，即可构造标准的 LQOC 问题求解最优货币政策规则。鲍尔（1999）、康通尼卡斯和蒙塔尼奥利（2006）等同样假设中央银行损失函数形式为由产出缺口和通胀缺口构成的二次型函数，且在史文森（1997）的基础上引入资产价格及对应的约束条件，构成 LQOC 问题，求解得到最优货币政策关于产出缺口、资产价格缺口和通胀缺口的反应系数。类似的研究还有许多，如斯梅茨（Smets，1997）、古特哈德和霍夫曼（2000）等，以及国内学者李成等（2010）、谭政勋和王聪（2015）等。

第二种情形基于 NK 模型（在最近的研究中通常是 NK-DSGE 模型），通过二次逼近代表性家户的效用函数得到福利损失度量，进而求解最优货币政策规则。这一方法相对比较复杂，一般而言，DSGE 模型无法得到简单的封闭解（closed-form solution），而是要借助基德兰德和普雷斯科特（Kydland and Prescott，1982）的方法得到模型在非随机的稳态水平附近的一阶近似系统，利用对数线性化的差分方程来刻画模型的动态特征。在特定的假设下（仅存在价格黏性），家户的效用函数可以表示为产出缺口或通胀的方差，因此一阶近似的模型就足以进行分析货币政策的福利效应（伍德福德/Woodford，1999）。但是如前所述，当模型纳入其他复杂形式的市场摩擦后，就不得不利用二次逼近的方法来获得家户效用函数的近似值（贾德/Judd，1998），此时即使在稳态水平下，社会福利也不能达到最大值，因此社会福利最大化的货币政策需要缩小的是目标变量（包括消费、闲暇等）与稳态下非最优水平间的差异，而不能用简单的方差来度量（莱文，2002）。

根据模型设定形式的不同，在具体的方法上也存在差异。在第一类相对特殊的模型中，市场扭曲仅由货币非中性（例如名义价格黏性、名义工资黏性等）引起，此时可以通过引入政府补贴的假设来保证稳态下的产出水平是有效的，并利用这一技巧来进行效用函数的二次逼近，替代掉一次项对福利损失函数的影响。这类方法最早由特博格和伍德福德（Rotemberg and Woodford，1997）提出，经伍德福德（Woodford，2003）发展完善，在贝尼尼奥和伍德福德（Benigno and Woodford，2004）、蒙托罗（Montoro，2012）、菲奥雷和特里斯塔尼（Fiore and Tristani，2013）以及陈利锋和范红忠（2013，2014）、陈利锋（2014）等中均有应用。

第二类是当引入了更复杂的市场扭曲形式（如实际工资刚性、抵押约束、搜寻摩擦等）后，无法用第一种方法进行二次逼近，可采用由西姆斯（Sims，2000）和葛尔曼（Kollmann，2003）提出的摄动法（perturbation method）进行效用函数的二次逼近，其基本思路是逐次通过一阶近似来求解模型，利用递归的思想来获得高阶近似。这一方法被广泛应用在金姆（Kim，2003）、法伊纳和莫纳赛里（Faia and Monacelli，2007）等研究中。

另外一类模型中，由于无法在二阶近似中消除一阶项的影响，因此不能简单地将效用函数近似为完全二次型的福利损失函数，因而只能通过直接计算代表性家户的效用函数来得到最优货币政策规则（施密特－格罗赫和乌里韦/Schmitt-Grohé and Uribe，2004；保斯蒂安/Paustian，2004；拉文纳和沃尔什/Ravenna and Walsh，2011 等）。

因此，总体而言，随着技术上的不断完善和改进，研究者会在不牺牲模型对现实经济特征拟合能力的情况下，选择更为完善的求解福利损失最大化的最优货币政策规则的方法。

2.4　小结与评述

本章围绕"资产价格波动与货币政策干预""资产定价效率与货币政策传导机制"以及"货币政策选择和社会福利最大化"三个主题，对近二十年间的重要文献和研究成果进行了系统性回顾和梳理。从逻辑安排上，上述三个主题分别对应于本章开篇提出的三个问题，即货币政策是否应当干预资产价格波动、货币政策应当对干预何种资产价格波动，以及货币政策如何最优地干预资产价格波动；具体在行文中，则按照历史发展的顺序揭示了货币政策理论进展的演绎过程。

总体上，在货币政策是否应该干预资产价格波动的问题上，学术界和中央银行工作者经历了"争论—共识—批判"的三个主要阶段。在争论阶段，"干预论"一派的学者主要从资产价格泡沫破裂对实体经济的冲击、资产价格波动隐含的通胀和产出预期信息以及资产价格泡沫对金融稳定的威胁等方面支持货币政策干预资产价格波动；而"不干预论"一派则从刺破资产价格泡沫的成本、干预资产价格加剧实体经济波动，以及货币政策干预资产价格的实际困难出发，提出货币政策不应当主动干预资产价格波动。随后，在史文森（1997，2003）、伯南克和格特勒（2000，2001）的基础上，争论双方的意见统一到弹性通胀目标制货币政策框架之下，认为货币政策干预资产价格波动的唯一理由和动机是后者隐含了实体经济预期的信息。在此后的一段时间内，弹性通胀目标制成为研究者和全球主要经济体中央银行的共识。但是在2008年金融危机爆发之前，由于全球经济（特别是美国）正处在经济增长和通胀平稳的"大稳健"时期，房地产价格泡沫的形成和迅速累积与实体经济出现背离，以美联储为代表的中央银行未能从资产价格泡沫中识别到通胀预期的信号，从而错过了货币政策干预的黄金时期，最终导致金融危机全面爆发。在危机之后，学术界对传统的弹性通胀目标制货币政策提出了严厉的批判，尤其是在如何对待资产价格的问题上出现了很大争议，直至现在仍未形成新的共识。根据史文森（2009）的研究，弹性通胀目标制框架本身并不需要彻底改变，需要更新的是对资产价格在货币政策传导机制中所发挥作用的认识。从文献资料来看，资产价格本身的构成就包含了基本面要素和非基本面要素，后者反映了资产价格中的定价非效率成分。在传导货币政策的过程中，特别是广义信贷渠道（资产负债表渠道和银行信贷渠道）下，非效率成分和内在价值成分一样都会对实体经济产生影响。因此，理解资产价格中的非效率成分在货币政策决策的影响就显得格外重要。而在最优货币政策规则的设计中，最重要的问题就是如何增进社会福利。简单的二次型中央银行损失函数在分析中存在极大的便利，但在形式和参数的设定上具有随意性。随着基于微观基础的NK-DSGE模型的发展，越来越多的研究者不能满足于简单地以产出和通胀方差的加权平均衡量福利损失，而是通过代表性家户的跨期效用计算社会福利，并据此设计最优货币政策规则。

由以上可以看出，本轮金融危机提出了更新货币政策认识的现实需求，也为货币政策如何干预资产价格波动这一问题打开了充足的研究空间。尽管已有大量研究者重新投入这一领域，形成了较为丰富的研究成果，但同时也拓展出更多需要进一步探讨的前沿问题，本书认为以下几点值得深入研究：

第一，由于资产价格的构成要素中包括了定价非效率成分，货币政策是否应当针对这种定价偏差进行干预以避免金融失衡加剧？如前所述，在传统的弹性通胀目标制货币政策框架下，货币政策干预资产价格波动的唯一动机和理由是后者反映了通胀和产出缺口预期。根据康通尼卡斯和约安尼迪斯（2005）、康通尼卡斯和蒙塔尼奥利（2006）、李成等（2010），资产价格波动反映的预期信息本质上可以由资产定价模型解读为资产的内在价值变化。因此，传统的弹性通胀目标框架本质上是要求货币政策对资产内在价值变化做出反应，而忽略了资产价格波动中包含的非效率因素，如泡沫成分。但是，伯南克和格特勒（2000）在金融加速器模型下模拟这种货币政策的效果时发现，虽然资产价格波动反映实体经济预期，但对其进行货币政策干预仍可能导致实体经济波动放大。而且，2008年金融危机前的货币政策实践也表明，传统的弹性通胀目标制货币政策框架没有能够抑制资产价格泡沫累积，最终导致严重的金融失衡和危机。因此，一个自然的疑问便是，货币政策是否应该对资产价格波动中的非效率成分进行干预。对此，哈夫（Haugh，2008）曾提出一种设想：若资产价格波动是由基本面因素导致的，潜在产出也会发生变化，产出缺口保持不变，货币政策不需要做出反应；若资产价格波动是由非基本面因素导致的，潜在产出不发生变化，但总需求会改变导致产出缺口发生变化，货币政策应当做出反应。因此，有必要从理论上探讨资产价格是否需要对资产价格波动中的非效率成分进行干预。当然，资产价格定价非效率成分虽然可能难以准确计量和监测，但问题本身仍然具有重大理论意义。

第二，从货币政策实践的角度，中央银行是否针对资产价格波动中包含的定价非效率因素进行了货币政策干预？由于现有的文献资料中对问题一的理论探讨尚十分欠缺，对这一问题的实证研究也基本处于空白。在实证研究的相关文献中，无论是检验弹性通胀目标制，还是逆风向调整（lean against the wind），或是预先紧缩（preemptive tightening）、预先宽松（preemptive loosing）等假设，研究者考察的一般都是货币政策对资产价格缺口或资产价格波动的反应系数，几乎没有关于货币政策对资产定价非效率因素的干预力度的估计和检验。然而，弄清中央银行是否针对资产定价非效率因素进行了干预具有重要意义：一方面，有助于理解中央银行货币政策实践，另一方面，对推动理论研究进展也有重要帮助[①]。另外，对于我国货币政策研究者而言，这一实证问题尤其有趣。自我国社会主义市场经济体制建立以来，还从未发生过系统性金融危机；尽管在过去的十多年里，房地产价格和美国一样出现了快速上涨与回落的现象，但却没有出现大范围泡沫破裂的严重金融失衡事件，那么这是否意味着我国中央银行采取了"正确"的货币政策呢？因此，我国货币政策研究者有必要对其进行实证检验，发掘我国中央银行货币政策调控实践的具体模式。

第三，以社会福利最大化为目标，设计针对资产定价非效率因素进行干预的最优货币政策规则。增进社会福利（或减少社会福利损失）是所有货币政策规则研究的最终目的，若问题一或问题二的答案是肯定的，那么就有必要以社会福利最大化为目标，进行纳入资产定价非效率因素的最优货币政策规则设计。现有的文献资料中，衡量社会福利的主流方法是通过构建具有微观基础的 NK-DSGE 模型，以代表性经济主体的效用函数来刻画社会福利。在具体的操作方法上，根据模型引入资产价格的具体形式以及其他市场扭曲形式的设定，或是通过二次逼近效用函数构造线性二次最优控制问题求解货币政策规则（伍德福德，2003；葛尔曼/Kollmann，2002），或是直接利用数值算法求解效用最大化的货币政策规则。这些方法在研究实际工资刚性、信贷摩擦、搜寻摩擦等市场扭曲对货币政策的社会福利效果时有着广泛的应用，将其应用于设计针对资产定价非效率因素进行干预的最优货币政策规则具备较好的应用前景。

此外，需要注意的是，国内学者对资产价格、货币政策及社会福利问题的实证和理论研究都相对滞后。有不少国内学者研究了资产价格波动对我国货币政策的影响（唐齐鸣和熊洁敏，2009；周晖和王擎，2009；李成等，

---

① 在货币政策研究领域，实证研究领先并推动理论研究的现象十分普遍。例如美联储对于干预股票市场价格波动一致讳莫如深，但是里戈本和萨克（Rigobon and Sack，2003）利用高频数据向量自回归模型捕捉到了相关证据，成为后续理论研究的重要奠基石。又如霍尔（2011）、拉尔（Ravn，2012）、霍夫曼（2013）通过实证研究发现美联储非对称地干预资产价格波动，推动了非对称干预资产价格波动的货币政策对宏观经济影响的理论研究（拉文，2014）。

2010；马勇，2013；陈继勇等，2013；谭政勋和王聪，2015），证实了房地产价格、股票价格以及汇率因素对货币政策利率和货币供应量的影响。但是从作者掌握的文献资料来看，研究货币政策的社会福利，以及基于具有微观基础的 NK-DSGE 模型设计社会福利最大化的货币政策规则的研究才刚刚起步。以陈利锋和范红忠（2013、2014）、陈利锋（2014）、侯成琪和龚六堂（2014）为代表的先行者形成了少数优秀的成果，但大多数研究仍然未能从微观基础入手进行分析，得出的结论受随意性假设的影响较大。因此，作者认为国内研究者有必要弥补这一领域研究中存在的缺陷，早日与国际主流研究方法接轨。

第 3 章
货币政策干预房地产资产定价效率的理论和现实必要性

从现有的文献资料可以看出，在经典的弹性通胀目标制货币政策框架下，中央银行利用货币政策干预房地产价格波动的唯一动机在于：房地产价格波动反映了市场对未来通货膨胀和产出缺口的预期。但是，一些经典的研究表明，反映了通胀和产出缺口预期的房地产价格波动却不必然引起货币政策调整。伯南克和格特勒（2000，2001）基于伯南克等（1999）提出的金融加速器模型，刻画了外生资产价格泡沫经由金融加速器效应和财富效应作用于实体经济的内在机制，并借助随机模拟的结果指出：货币政策对资产价格波动的积极干预会放大通货膨胀率和产出缺口的波动幅度，并不会带来显著收益。类似地，比恩（Bean；2003，2004）也发现，既然弹性通胀目标制货币政策框架已将通货膨胀率和产出缺口的预期路径纳入考虑，那么中央银行没有必要再针对房地产价格波动进行干预。因此，在弹性通胀目标制货币政策框架下，探讨是否存在其他因素决定了货币政策对房地产价格波动干预与否具有重要的意义。

基于此，在前人研究成果的基础上，本章将在弹性通胀目标制货币政策的分析框架下，借鉴史文森（1997）、鲍尔（1999）等提出的最优货币政策规则分析方法，刻画房地产价格波动影响最优货币政策规则的新的机理，从房地产资产定价效率的视角揭示其在影响最优货币政策规则上所发挥的重要作用。

3.1 房地产资产定价效率与最优货币政策规则的理论分析

3.1.1 中央银行损失函数与经济环境设定

通过最小化中央银行损失函数来解析最优货币政策规则是学术界进行货币政策理论研究的主流范式（伍德福德，2003）。在预设了货币政策调控目标后，利用中央银行损失函数可以监测经济指标的实际值与目标值之间的差异所造成的理论损失。伍德福德（2003）建立了央行损失函数最小化的局部均衡分析和基于私人部门效用最大化的一般均衡分析间的理论联系，证实了当中央银行具有充分的独立性时，央行损失最小化和社会福利最大化的理论对等关系。因此，在不考虑具体参数取值的影响时，可以认为中央银行损失函数是整个社会福利损失的一个近似度量，最小化中央银行损失函数也是最小化社会福利损失。

在弹性通胀目标制货币政策框架下，中央银行的货币政策调控目标是将通货膨胀率控制在目标值水平，并使广义生产要素的使用率维持在正常水平（史文森；1997，2003，2009）。换言之，通货膨胀稳定和将经济增长速度维持在充分就业水平是货币政策调控的两大主要目标。因此，通胀缺口（实际通胀和目标通胀的差异）和实际产出缺口（实际产出和充分就业产出水平的差异）是构成央行损失函数的两大要素。最常见的中央银行损失函数形式为如下的二次型函数：

$$L(\pi_t, y_t) = (\pi_t - \pi*)^2 + \rho (y_t - y*)^2 \qquad (3-1)$$

式（3-1）中，$L(\cdot)$ 表示中央银行损失；π_t 和 y_t 分别表示 t 期的实际通胀率和产出缺口率；$\pi*$ 和 $y*$ 分别表示通货膨胀率目标和产出缺口目标，后者在充分就业的假设下为 0；ρ 衡量了产出损失和通胀损失的相对权重。

需要注意的是，二次型的央行损失函数隐含着中央银行对称看待正、负产出和通胀缺口的理论假设，但事实上没有确切的理论和经验证据保证中央银行损失函数是完全对称的，诺贝和皮尔（Nobay and Peel，2003）、苏里科

（2007）等也曾引入非对称形式的 Linex 函数来刻画中央银行损失①。不过，现有文献中一般仍然以对称的二次型央行损失函数为主流（斯梅茨/Smets，1997；鲍尔，1999；古德哈特和霍夫曼，2000；康通尼卡斯和蒙塔尼奥利/Kontonikas 和 Montagnoli，2006；李成等，2010；唐齐鸣和熊洁敏，2009；殷波，2009 等），其主要的原因有两点：一是若不探讨货币政策的非线性特征，通常不需要引入形式更复杂的非对称损失函数；二是求解线性约束下的二次型损失函数最小化问题通常能够得到解析解，而更复杂的 Linex 函数最小化通常只能借助数值算法来求解，给分析带来不便。因此，本书遵循文献资料中的主流做法，以式来刻画央行的货币政策损失。

给定中央银行损失函数形式，就可以通过引入适当的约束条件来构造中央银行最优货币政策决策问题。借鉴鲍尔（1999）、康通尼卡斯和蒙塔尼奥利（2006），本书利用如下一组结构方程系统来刻画中央银行面临的决策约束：

$$\pi_{t+1} = \pi_t + \beta_0 y_t + \varepsilon_{t+1} \tag{3-2}$$

$$y_{t+1} = \beta_1 y_t - \beta_2 [i_t - E_t(\pi_{t+1})] + \beta_3 q_t + \eta_{t+1} \tag{3-3}$$

$$q_t = q_t^* + \omega_1 \Delta q_{t-1} + \mu_t \tag{3-4}$$

$$q_t^* = -\delta_1 [i_t - E_t(\pi_{t+1})] + \delta_2 E_t(y_{t+1}) \tag{3-5}$$

其中，π_t 和 y_t 的含义与式中相同，分别表示通货膨胀率和实际产出缺口；q_t 表示 t 期房地产价格缺口；q_t^* 表示房地产价格缺口中能由通胀和产出缺口预期所解释的部分，度量了房地产价格缺口由其内在价值决定部分，以及所体现的预期通胀和产出缺口的信息；i_t 为 t 期名义利率，ε_{t+1}、η_{t+1}、μ_t 分别为服从均值为 0 的正态分布的通货膨胀率外生冲击、总需求外生冲击以及房地产价格缺口的外生冲击。以上结构方程的经济意义为下：

式（3-2）是描述总供给的 Philips 曲线。通货膨胀率一阶滞后项的系数设定为 1 意味着长期来看 Philips 曲线是竖直的，这一特征在现有的经验研究和理论研究中得到了充分论证（刘斌，2003；唐齐鸣和熊洁敏，2009）。另外，式（3-2）描绘的 Philips 曲线形式暗含了价格黏性和物价水平适应型预

---

① 布林德（Blinder，1997）、鲁格－穆尔西亚（Ruge-Murcia，2004）、苏里科（2004，2007，2008）等提出，中央银行应当寻求最小化非对称的损失函数，例如，鲁格－穆尔西亚认为，高失业率造成的社会福利损失要大于同等幅度的低失业率带来的损失。非对称的央行损失函数通常被用于分析货币政策规则的非线性特征。

期的假设。根据卡尔沃（Calvo，1983）的研究，代表性厂商每期进行价格调整的概率是一定的，取决于其观测到的某种特定信号（该信号以一定概率出现），而与上期是否调整过价格无关。换言之，厂商的定价取决于其对未来一般物价水平的预期，这种预期在式（3-2）中被假定为适应型预期的形式，因此，通货膨胀率的演变具有惯性。式（3-2）中系数 $\beta_0 \geq 0$ 表示通货膨胀率对实际产出缺口的敏感程度，一般而言，实际产出缺口越大则通货膨胀率越高，反映经济过热的状态。

式（3-3）是描述总需求的 IS 曲线的扩展形式。经典的 IS 曲线刻画了实际产出和实际利率的反向关系（$\beta_2 > 0$），而式（3-3）则进一步考虑了实际产出滞后项的影响，暗含了消费平滑行为的特征。除此之外，扩展的 IS 曲线还纳入了房地产价格缺口的影响，这是研究资产价格对货币政策影响的文献资料中通行的做法（鲍尔，1997；李成等，2010）。从经济内涵来看，房地产价格通过财富效应、挤出效应、金融加速器效应等方式作用于总需求，影响实际产出缺口。$\beta_3 > 0$ 衡量了房地产价格波动对实际产出影响力度，β_3 越大表示房地产价格波动对实际产出的影响幅度越大。

式（3-4）和式（3-5）刻画了房地产价格波动的内生决定机制，借鉴了康通尼卡斯和蒙塔尼奥利（2006）、袁靖（2007）、殷波（2009）及李成等（2010）。两式本质上结合了新凯恩斯主义宏观模型（NKM）和金融市场模型（financial market，FM）。需要强调的是，这一构造方法具有坚实的微观基础，萨曼尼杜等（Samanidou et al.，2007）曾就这一方法进行了详细的评述，弗兰克和韦斯特霍（Franke and Westerhoff，2012）也基于代理性个体资产定价模型（agent-based asset pricing model）进行了实证检验。

具体而言，式（3-5）是根据标准资产定价模型得到的资产内在价值决定方程的线性形式。由资产的未来现金流入（依赖于预期的总产出水平）经实际资金成本折现得到资金的内在价值，是资产定价模型的一般线性形式[①]（法玛/Fama，1981；康诺威等/Conover et al.，1999）。因此，式（3-5）一方面揭示了预期实际产出对房地产内在价值的正向效应和实际利率对房地产

---

① 以简单的等现金流贴现模型为例，资产的内在价值为：$Q^* = d / [1 - (i - \pi)]$。将其对数线性化即可得到关于缺口变量的线性形式：$\hat{Q} = \hat{d} - (i - \hat{\pi})$。

内在价值的负向效应；而从另一个角度来看，也刻画了房地产内在价值与通货膨胀率预期和实际产出预期的关系。注意，与史文森（1997）以及由其衍生出的后续研究（鲍尔，1999；唐齐鸣和熊洁敏，2009；熊洁敏，2010；王宗林，2012）不同，在本书的设定下房地产价格波动并不是外生的，而是受到总需求和资金成本的影响，因此是内生于经济系统的。式（3-4）是结合凯斯和席勒（Case and Shiller，1989）中关于房地产价格形成机制中抽象和演变得到的。根据凯斯和席勒（1989），单个房地产的价值由房地产价格的平均水平、房地产价格的变动趋势和独立同分布的随机噪声决定（$P = C + T + N$），在式（3-4）中，q_t^*、Δq_{t-1} 及 μ_t 正好对应于上述三个决定因素。

需要强调的是，由式（3-4）和式（3-5）可以看出，房地产价格缺口由其内在价值、变动趋势和市场的随机扰动决定，其中前者（q_t^*）由标准资产定价模型得到，反映了市场关于未来通货膨胀率和产出缺口的预期，而后两者（Δq_{t-1} 和 μ_t）代表了房地产市场定价的非效率成分。具体而言，Δq_{t-1} 一定程度上反映了房地产市场消费者和投资者的情绪：当 $\Delta q_{t-1} > 0$ 时，房地产价格上升，市场上购房热情上涨会推动房地产价格的进一步升高；而当 $\Delta q_{t-1} < 0$ 时，房地产价格下跌，市场上购房热情降温则会导致房地产价格进一步下降。在现实中，由于房地产价格波动导致的投资者信心的变化、投资者期望和情绪的变化、投机性泡沫及反馈效应的确是造成房地产价格偏离其内在价值的重要原因（席勒；2005，2009）。房地产市场定价非效率的另一个因素 μ_t 衡量了由于市场不完善（市场摩擦）导致的定价噪声，其总体上期望为零。

由上可见，式（3-2）~式（3-5）刻画了通货膨胀率、实际产出缺口和房地产价格缺口的内生决定机制和正反馈关系，给出了中央银行进行货币政策决策时所面临的约束环境，后文中将这一约束系统简称为 IS - Philips - KM 框架。

3.1.2 最优利率反应函数的求解

由央行损失函数（3-1）和约束条件（3-2）至（3-5），则可以将中央银行货币政策利率的决策问题表述如下：

$$\underset{\{i_k\}_t^{\infty}}{\operatorname{argmin}} L = \frac{1}{2} E_t \sum_{k=1}^{\infty} \tau^i \left[(\pi_{t+i} - \pi^*)^2 + \rho y_{t+i}^2 \right]$$

$$st. \; \pi_{t+1} = \pi_t + \beta_0 y_t + \varepsilon_{t+1}$$

$$y_{t+1} = \beta_1 y_t - \beta_2 [i_t - E_t(\pi_{t+1})] + \beta_3 q_t + \eta_{t+1}$$

$$q_t = q_t^* + \omega_1 \Delta q_{t-1} + \mu_t$$

$$q_t^* = -\delta_1 [i_t - E_t(\pi_{t+1})] + \delta_2 E_t(y_{t+1}) \tag{3-6}$$

式（3-6）中，τ 表示中央银行损失的贴现因子，其他参数含义同上。式（3-6）意味着最优货币政策是在经济环境约束下最小化中央银行跨期损失的货币政策利率路径。上述无限期动态最优化问题涉及内生变量的跨期联系，可采用动态规划（dynamic programming）的方法进行求解，过程如下：

首先将式（3-2）、式（3-4）和式（3-5）代入式（3-3），得到：

$$y_{t+1} = \lambda_1 y_t - \lambda_2 (i_t - \pi_t) + \lambda_3 \Delta q_{t-1} + \psi_{t+1} \tag{3-7}$$

$$\lambda_1 \equiv \frac{\beta_1 + \beta_0(\beta_2 + \beta_3 \delta_1)}{1 - \beta_3 \delta_2} \tag{3-8}$$

$$\lambda_2 \equiv \frac{\beta_2 + \beta_3 \delta_1}{1 - \beta_3 \delta_2} \tag{3-9}$$

$$\lambda_3 \equiv \frac{\beta_3 \omega_1}{1 - \beta_3 \delta_2} \tag{3-10}$$

$$\psi_{t+1} \equiv \beta_3 \mu_t + \eta_{t+1} \tag{3-11}$$

为了保障上述参数符号符合经济现实，这里须引入假设 $1 - \beta_3 \delta_2 > 0$，从后文的实证结果可以看出这一假设能够得到经验数据的保证。在此基础上，不难得出 λ_1、λ_2、$\lambda_3 > 0$，其对应的经济含义为：实际产出缺口具有一阶平滑特征；实际利率的提高会减少投资和消费需求，从而降低总产出；房地产价格的上涨会通过财富效应、托宾 Q 效应、挤出效应、金融加速器效应等影响总产出，但在总体水平会导致实际产出缺口的扩大。这与前文的假设一致。

定义 $k_t \equiv \pi_t + \beta_0 y_t$、$\varphi_t \equiv \lambda_1 y_t - \lambda_2 (i_t - \pi_t) + \lambda_3 \Delta q_{t-1}$，则可将式（3-2）和式（3-7）改写为如下形式：

$$\pi_{t+1} = k_t + \varepsilon_{t+1} \tag{3-12}$$

$$y_{t+1} = \varphi_t + \psi_{t+1} \tag{3-13}$$

在此基础上，可利用值函数将式（3-6）的动态最优化问题表述为贝尔曼方程的形式：

$$V(k_t) = \min E_t \left\{ \frac{1}{2} \left[(k_t + \varepsilon_{t+1} - \pi^*)^2 + \rho (\varphi_t + \psi_{t+1})^2 \right] + \tau V(k_{t+1}) \right\}$$

$$(3-14)$$

式（3-14）将无限期动态最优决策问题转化为单期最优化的等价问题，从而可通过动态规划的迭代思想进行求解。根据式（3-12）和（式3-13）得到：

$$k_{t+1} = k_t + \beta_0 \varphi_t + \beta_0 \psi_{t+1} + \varepsilon_{t+1} \qquad (3-15)$$

定义 $\varpi_{t+1} \equiv \beta_0 \psi_{t+1} + \varepsilon_{t+1}$，则 $k_{t+1} = k_t + \beta_0 \varphi_t + \varpi_{t+1}$。将 k_t 视作状态变量，φ_t 为控制变量，将式（3-15）代入贝尔曼方程，得到：

$$V(k_t) = \min_{\varphi_t} \frac{1}{2} E_t \left[(k_t + \varepsilon_{t+1} - \pi^*)^2 + \rho (\varphi_t + \psi_{t+1})^2 \right] + \tau V(k_t + \beta_0 \varphi_t + \varpi_{t+1})$$

$$(3-16)$$

对方程（3-15）求导，得到一阶条件：

$$\partial V(k_t) / \partial \varphi_t = \rho \varphi_t + \beta_0 \tau E_t V'(k_{t+1}) = 0 \qquad (3-17)$$

对方程（3-15）采用包络定理可知：

$$E_t V'(k_t) = E_t(k_t + \varepsilon_{t+1}) + \rho E_t(\varphi_t + \psi_{t+1}) \frac{\partial \varphi_t}{\partial k_t} \qquad (3-18)$$

由于 $E(\varepsilon_{t+1}) = 0, E(\psi_{t+1}) = 0$，推导得到：

$$E_t V'(k_t) = E_t(k_t) - \frac{\rho}{\beta_0} E_t(\varphi_t) \qquad (3-19)$$

将式（3-19）拓展至 $t+1$ 期，得到：

$$E_t V'(k_{t+1}) = E_t(k_{t+1}) - \frac{\rho}{\beta_0} E_t(\varphi_{t+1}) \qquad (3-20)$$

将式（3-15）和式（3-20）代入一阶条件，可知：

$$\rho \varphi_t + \beta_0 \tau [E_t(k_{t+1}) - \rho / \beta_0 E_t(\varphi_{t+1})] = 0 \qquad (3-21)$$

采用待定系数法求解该方程，令 $\varphi_t = ak_t$，方程（3-21）进行替换，得到：

$$\rho a k_t + \beta_0 \tau [k_t + \beta_0 a k_t - \rho a k_t (1 + \beta_0 a) / \beta_0] = 0 \qquad (3-22)$$

对方程（3-22）求解可知，存在以下实数解：

$$a_1 \text{、} a_2 = (\pm \sqrt{(\rho - \rho\tau + \beta_0^2 \tau)^2 + 4\beta_0^2 \tau^2 \rho} + \rho - \rho\tau + \beta_0^2 \tau) / (2\beta_0 \tau \rho)$$

$$(3-23)$$

需要注意的是，虽然 $a = a_1$、$a = a_2$ 均是方程（3-22）的实数解，但是并非都满足经济模型的经济含义。由式（3-15）和 $\varphi_t = ak_t$，有 $k_{t+1} = (1 + a\beta_0)k_t + \beta_0\psi_{t+1} + \varepsilon_{t+1}$，不难看出，当 $a > 0$ 时，k 会以自我实现的方式无限膨胀，显然不符合经济现实，因此方程（3-22）的正实数解必须舍去，唯一可行的解为：

$$a = (\rho - \rho\tau + \beta_0^2\tau - \sqrt{(\rho - \rho\tau + \beta_0^2\tau)^2 + 4\beta_0^2\tau^2\rho})/(2\beta_0\tau\rho) \quad (3-24)$$

借鉴李成等（2010），假定长期均衡名义利率为 i^*。将上述解带回式（3-15），并进行适当的整理，即可得到货币政策反应函数，即中央银行最优利率规则：

$$i_t^* = i^* + f_\pi(\pi_t - \pi^*) + f_y y_t + f_q(q_t - q_t^*), \quad (3-25)$$

其中：

$$f_\pi \equiv 1 - \frac{a(1 - \beta_3\delta_2)}{\beta_2 + \beta_3\delta_1} \quad (3-26)$$

$$f_y \equiv \beta_0 + \frac{\beta_1 - \beta_0 a(1 - \beta_3\delta_2)}{\beta_2 + \beta_3\delta_1} \quad (3-27)$$

$$f_q \equiv \frac{\beta_3\omega_1}{\beta_2 + \beta_3\delta_1} \quad (3-28)$$

上述最优利率规则是经典泰勒规则的拓展形式，中央银行除了需要对通货膨胀率和产出缺口进行调控外，还须对房地产资产定价非效率因素进行适当的干预。由于 $1 - \beta_3\delta_2 > 0$，$a < 0$，以及 β_0、β_1、β_2、β_3、δ_1、δ_2、$\omega_1 > 0$，可以得知：$f_\pi > 1$，$f_y > 0$ 及 $f_q > 0$，均体现了中央银行逆风向调整的政策立场。需要注意的是，$f_\pi > 1$ 意味着中央银行对于通货膨胀率的调控力度要大于实际通胀率对目标通胀率的偏离幅度，这符合泰勒原则（Taylor principle）的基本要求，即理论上货币政策利率对通胀缺口的反应系数大于 1 才能避免通货膨胀或通货紧缩的自我实现。

重点讨论最优利率规则对房地产价格波动的调控模式。由式（3-25）可以看出，中央银行最优利率规则的调控对象并不是房地产价格缺口本身（q_t），而是房地产价格缺口中不能被通货膨胀和产出缺口预期所解释的部分（$q_t - q_t^*$）。而根据上文中关于中央银行货币政策决策约束的假设，$q_t - q_t^*$ 反映了房地产资产定价的非效率成分。因此，与经典弹性通胀目标制货币政策框架下对资产价格影响货币政策机制的理解不同，式（3-25）表明，中央银行利用货币政策干预资产价格波动，并不仅是因为房地产价格波动反映了市场对通货膨胀和产出缺口的预期，更重要的是因为房地产价格波动中存在的定价非效率因素。而由式（3 – 28）中最优利率对房地产价格非效率波动的响应系数可以看出，当 $\omega_1 = 0$ 时，有 $f_q = 0$，意味着若房地产市场定价是充分有效的，则中央银行最优利率规则对房地产价格缺口的干预系数为零。值得强调的是，尽管当 $\omega_1 = 0$ 时房地产价格缺口仍然反映了未来通货膨胀和产出缺口预期，中央银行却不必对房地产价格波动进行干预。

以上结论在一定程度上契合了伯南克和格特勒（2000，2001）、比恩（2003，2004）的观点：在弹性通胀目标制货币政策框架下，即使房地产价格波动反映通胀和产出缺口预期，中央银行对房地产价格波动的干预仍然可能会导致通货膨胀率和产出缺口的波动增大，造成社会福利的损失；因此，反映通胀和产出缺口预期的房地产价格波动不必然引起最优货币政策的调整。但与他们不同的是，本书并非认为中央银行应当"善意忽略"房地产价格波动，而是提出：当房地产价格波动偏离了由通胀和产出缺口预期所暗含的内在价值水平时，中央银行的最优货币政策规则才会予以干预，换言之，房地产市场定价非效率因素是导致中央银行最优货币政策干预的重要原因。

3.1.3　最优货币供应量反应函数的求解

上节中，由中央银行损失最小化得到了泰勒规则（Taylor rule）的扩展形式的最优利率规则。由于西方发达国家的中央银行大都以利率作为货币政策调控的中介目标，因此在西方国家货币政策学者的研究文献中，特别是自泰勒（1993）、史文森（1997）之后，研究最优货币政策通常指的就是研究最优利率规则。但是，在我国中央银行货币政策调控实践中，由于特定的历史原因和市场化发展阶段的现实状况，利用存款准备金率来调控货币供应量仍然是我国中央银行货币政策调控的重要手段。因此，研究最优货币供应量规则对于我国货币政策实践而言具有重要意义。

根据 IS – LM 分析框架，由货币需求方程可以构建货币供应量与利率和总需求之间的关系。借鉴胡志鹏（2012）、谭政勋和王聪（2015），这一关系可以描述如下：

$$i_t = \gamma_0 + \gamma_1 y_t - \gamma_2 m_t + \vartheta_t \qquad (3 – 29)$$

式（3-29）中，m_t 表示货币供应量的增长率，ϑ_t 是高斯扰动项，其他变量定义同上。理论上，参数满足 $\gamma_1 > 0$、$\gamma_2 > 0$。由式（3-29）可以看出，中央银行能够通过调控货币供应量来实现对利率的干预：货币供应量增速加大导致利率降低，相反则会导致利率升高。基于式（3-1）、式（3-2）至（3-5），以及式（3-29），可以将中央银行最优货币供应量决策问题描述如下：

$$\arg \min_{\{m_k\}_i^\infty} L = \frac{1}{2} E_t \sum_{k=1}^\infty \tau^i \left[(\pi_{t+i} - \pi^*)^2 + \rho y_{t+i}^2 \right]$$

$$st. \ \pi_{t+1} = \pi_t + \beta_0 y_t + \varepsilon_{t+1}$$

$$y_{t+1} = \beta_1 y_t - \beta_2 [i_t - E_t(\pi_{t+1})] + \beta_3 q_t + \eta_{t+1}$$

$$q_t = q_t^* + \omega_1 \Delta q_{t-1} + \mu_t$$

$$q_t^* = -\delta_1 [i_t - E_t(\pi_{t+1})] + \delta_2 E_t(y_{t+1})$$

$$i_t = \gamma_0 + \gamma_1 y_t - \gamma_2 m_t + \vartheta_t \tag{3-30}$$

求解问题（3-30）用到上一节中同样的动态规划技术，首先将式（3-2）、式（3-4）、式（3-5）和式（3-29）代入总需求方程（3-3），得到：

$$y_{t+1} = (\lambda_1 - \lambda_2 \gamma_1) y_t + \lambda_2 (\gamma_2 m_t + \pi_t) + \lambda_3 \Delta q_{t-1} + o + \vartheta_{t+1}' \tag{3-31}$$

$$o \equiv \beta_2 \gamma_0 / (1 - \beta_3 \delta_2) \tag{3-32}$$

$$\vartheta_{t+1}' \equiv \eta_{t+1} + \beta_3 \mu_t - \lambda_2 \vartheta_t \tag{3-33}$$

式（3-31）简化了中央银行面临的一组约束，刻画了货币供应量增速与实际产出缺口间的理论联系。为了使式（3-31）有意义，须引入假设 $\lambda_1 - \lambda_2 \gamma_1 > 0$，即保障产出缺口以一阶平滑的形式进行动态调整，而不是震荡收敛的形式。比较式（3-31）和式（3-7）可以看出，我国货币供应量工具与西方国家的利率工具发挥了同等重要的作用。令 $j_t \equiv (\lambda_1 - \lambda_2 \gamma_1) y_t + \lambda_2 (\gamma_2 m_t + \pi_t) + \lambda_3 \Delta q_{t-1} + o$，$k_t \equiv \pi_t + \beta_0 y_t$，则式（3-31）可以化简为：

$$k_{t+1} = k_t + \beta_0 j_t + \beta_0 \vartheta_{t+1}' + \varepsilon_{t+1} \tag{3-34}$$

将式中的 k_t 视为状态变量，j_t 视为控制变量，并令 $\varpi_{t+1}' \equiv \beta_0 \vartheta_{t+1}' + \varepsilon_{t+1}$，便利用值函数将式（3-30）的动态最优化问题表述为贝尔曼方程的形式：

$$V(k_t) = \min_{j_t} \frac{1}{2} E_t \left[(k_t + \varepsilon_{t+1})^2 + \rho (j_t + \vartheta_{t+1}')^2 \right] + \tau V(k_t + \beta_0 j_t + \varpi_{t+1}')$$

$$\tag{3-35}$$

对方程（3 - 35）求导，得到一阶条件如下：

$$\partial V(k_t)/\partial j_t = \rho j_t + \beta_0 \tau E_t V'(k_{t+1}) = 0 \qquad (3-36)$$

对方程（3 - 35）采用包络定理可知：

$$E_t V'(k_t) = E_t(k_t + \varepsilon_{t+1}) + \rho E_t(j_t + \vartheta'_{t+1}) \cdot \frac{\partial j_t}{\partial k_t} \qquad (3-37)$$

根据假设可知 $E(\varepsilon_{t+1}) = 0, E(\vartheta'_{t+1}) = 0$，从而有：

$$E_t V'(k_t) = E_t(k_t) - \frac{\rho}{\beta_0} E_t(j_t) \qquad (3-38)$$

将式（3 - 38）拓展至 $t + 1$ 则有：

$$E_t V'(k_{t+1}) = E_t(k_{t+1}) - \frac{\rho}{\beta_0} E_t(j_{t+1}) \qquad (3-39)$$

将式（3 - 34）、式（3 - 39）代入一阶条件，可知：

$$\rho j_t + \beta_0 \tau [E_t(k_{t+1}) - \rho/\beta_0 E_t(j_{t+1})] = 0 \qquad (3-40)$$

采用待定系数法求解该方程，令 $j_t = ck_t$，方程（3 - 40）进行替换，得到：

$$\rho c k_t + \beta_0 \tau [k_t + \beta_0 c k_t - \rho c/\beta_0 k_t(1 + \beta_0 c)] = 0 \qquad (3-41)$$

求解方程（3 - 41）可得到如下两个实数解：

$$c_1、c_2 = (\pm \sqrt{(\rho - \rho\tau + \beta_0^2\tau)^2 + 4\beta_0^2\tau^2\rho} + \rho - \rho\tau + \beta_0^2\tau)(1/2\beta_0\tau\rho)$$
$$(3-42)$$

和上节一样，由式（3 - 34）和 $j_t = ck_t$ 可知 $k_{t+1} = (1 + \beta_0 c)k_t + \beta_0 \vartheta'_{t+1} + \varepsilon_{t+1}$。为了保证 k 不至于发散，须满足 $c < 0$，因此方程（3 - 34）的正实数解必须舍去，唯一可行的解为：

$$c = (\rho - \rho\tau + \beta_0^2\tau - \sqrt{(\rho - \rho\tau + \beta_0^2\tau)^2 + 4\beta_0^2\tau^2\rho})(1/2\beta_0\tau\rho) \quad (3-43)$$

将求得的解代回式（3 - 34），并进行适当的整理，即可得到以货币供应量作为货币政策中介目标时中央银行的最优货币政策规则，即中央银行的最优货币供应量规则：

$$m_t^* = m^* + f'_\pi(\pi_t - \pi^*) + f'_y y_t + f'_q(q_t - q_t^*) \qquad (3-44)$$

其中：

$$f'_\pi \equiv \frac{c(1 - \beta_3\delta_2) - (\beta_2 + \beta_3\delta_1)}{\gamma_2(\beta_2 + \beta_3\delta_1)} \qquad (3-45)$$

$$f'_y \equiv \frac{\gamma_1}{\gamma_2} - \frac{\beta_0 c(1 - \beta_3 \delta_2) - [\beta_1 + \beta_0(\beta_2 + \beta_3 \delta_1)]}{\gamma_2(\beta_2 + \beta_3 \delta_1)} \qquad (3-46)$$

$$f'_q \equiv -\frac{\beta_3 \omega_1}{\gamma_2(\beta_2 + \beta_3 \delta_1)} \qquad (3-47)$$

由 $c < 0$、$1 - \beta_3 \delta_2 > 0$ 以及 β_0、β_1、β_2、β_3、δ_1、δ_2、ω_1、$\gamma_2 > 0$ 易知：f'_π < 0，$f'_q < 0$。式（3-46）可以改写为 $f'_y = (\beta_0 c + \lambda_2 \gamma_1 - \lambda_1)/(\lambda_2 \gamma_2)$，根据假设 $\lambda_1 - \lambda_2 \gamma_1 > 0$ 可得到 $f'_y < 0$。与最优利率规则一样，中央银行的最优货币政策规则显然也表现出逆风向调整的属性。

关注最优货币供应量关于房地产价格波动的干预特征，我们同样可以发现两个特点：第一，中央银行针对房地产价格缺口中的非效率成分 $q_t - q_t^*$ 进行干预，而不是房地产价格缺口本身 q_t；第二，当房地产价格波动由通货膨胀率和产出缺口预期完全决定，即房地产资产定价完全有效时（$\omega_1 = 0$），最优货币供应量对房地产价格缺口不做任何反应（$f'_q = 0$）。因此，上述最优货币供应量的推导结果同样表明：只有当房地产价格波动偏离了由通胀和产出缺口预期所决定的内在价值水平时，中央银行的最优货币政策规则才会予以干预，即房地产资产定价非效率因素是导致中央银行最优货币政策干预的重要原因。

3.2　我国中央银行货币政策决策约束方程系统的估计

从上一节的理论分析可知，房地产资产定价非效率因素是引起最优货币政策干预的重要原因。那么我国房地产资产定价效率如何，以及我国的最优货币政策规则是否应当对房地产资产定价非效率因素进行调控呢？本节通过估计上一节中 IS - Philips - KM 框架联立方程系统的未知参数，来回答上述问题。

3.2.1　参数估计方法

在现有的一些研究最优货币政策规则的文献中，估计刻画经济环境的联立方程系统时，通常采用逐个估计单一方程的方法。例如唐齐鸣和熊洁敏（2009）、熊洁敏（2010）、王宗林（2012）都是对 IS - Philips 模型的每一条方程构建自回归分布滞后模型（ADLM），然后使用最小二乘法（OLS）逐个方程估计。利用 OLS 估计单一方程具有模型形式灵活和估计简便等诸多好处，但必须在严格的假设下才能保证参数估计量的无偏性。在上述几篇文献中，作者均假设 IS-Philips 模型的各条方程是后顾型，且不同方程间的扰动项不相关，尤其是隐含了资产价格是外生变量的假设。但在实际中，经济变量间通常存在相互依存、互为因果的复杂联系，而单一方程估计方法只利用了包含在该方程内的有限信息，忽略了方程之间的联系，因此在这种方法下得到的估计量很可能是无效的，甚至是有偏的。

在本书模型的设定中，房地产价格内生于经济系统［式（3 - 4）、式（3 - 5）］，且模型中包含了前瞻性变量［$E_t(y_{t+1})$ 和 $E_t(\pi_{t+1})$］，显然单一方程估计方法不适用于本书模型的参数估计，必须采用系统估计方法。系统估计方法同时估计所有联立方程，一次性得到所有方程的参数估计量。由于这一方法利用了系统的全部信息，因此也称为完全信息估计法（full information methods）。

以最优利率规则为例，待估联立方程系统为：

$$\begin{cases} \pi_t = \pi_{t-1} + \beta_0 y_{t-1} + \varepsilon_t \\ y_t = \beta_1 y_{t-1} - \beta_2 [i_{t-1} - E_{t-1}(\pi_t)] + \beta_3 q_{t-1} + \eta_t \\ q_t = -\delta_1 [i_t - E_t(\pi_{t+1})] + \delta_2 E_t(y_{t+1}) + \omega_1 \Delta q_{t-1} + \mu_t \end{cases} \quad (3-48)$$

以分块矩阵形式表述为标准的联立方程系统如下：

$$\begin{bmatrix} Y_1 \\ Y_2 \\ Y_3 \end{bmatrix} = \begin{bmatrix} X_1 & 0 & 0 \\ 0 & X_2 & 0 \\ 0 & 0 & X_3 \end{bmatrix} \begin{bmatrix} \delta_1 \\ \delta_2 \\ \delta_3 \end{bmatrix} + \begin{bmatrix} \mu_1 \\ \mu_2 \\ \mu_3 \end{bmatrix} \quad (3-49)$$

式（3 - 49）中，Y_i 表示第 i 个方程中的 T 维被解释变量，T 为观测样本的长度；X_i 表示第 i 个方程中大小为 $T \times k_i$ 的解释变量矩阵，k_i 为第 i 个方程中被解释变量的个数；δ_i 为第 i 个方程中所有待估参数组成的 k_i 维向量。上述方程系统可以简写为：

$$Y = X\Delta + \mu \quad (3-50)$$

由于待估联立方程系统中存在变量间的同期交互作用，方程间的残差存在同期相关。此外，没有充分的理由保证残差项是同方差、无自相关的，因此为了谨慎起见，假设残差项存在异方差和自相关。如此，残差项的分块协

方差矩阵可以写为:

$$V = \Sigma \otimes \Omega = \begin{bmatrix} \sigma_{11}\,\Omega_{11} & \sigma_{12}\,\Omega_{12} & \sigma_{13}\,\Omega_{13} \\ \sigma_{21}\,\Omega_{21} & \sigma_{22}\,\Omega_{22} & \sigma_{23}\,\Omega_{23} \\ \sigma_{31}\,\Omega_{31} & \sigma_{32}\,\Omega_{32} & \sigma_{33}\,\Omega_{33} \end{bmatrix} \qquad (3-51)$$

其中, Σ 是残差项的同期相关矩阵, σ_{ij} 是 Σ 的第 i 行、第 j 列元素; Ω_{ij} 是第 i 个残差和第 j 个残差的自相关阵。

考虑到待估联立方程系统残差间存在同期相关,自身也可能存在序列相关以及异方差,通常使用的有效估计方法包括三种:三阶段工具变量法(three-Stage least squares, 3SLS)、完全信息极大似然法(full information maximum likelihood, FIML),以及广义矩估计法(generalized method of moments, GMM)。其中,当误差项的概率分别已知时(特别是同期误差项服从联合正态分布时),FIML 得到的估计量是最有效的,但在这里尚不能确定误差项的概率分布,因此排除 FIML 方法。在剩下的两种方法中,3SLS 方法可以视作 GMM 方法的特例,因此后者显然具有更广泛的适用性。事实上,GMM 方法允许随机扰动项存在异方差和自相关,且不需要知道随机扰动项的分布形式,其得到的估计量非常稳健。因此,本节将选择 GMM 方法来估计未知参数。与单一方程 GMM 估计不同,本节使用的 GMM 是对整个联立方程系统进行的全信息 GMM 估计。

全信息 GMM 法的基本思想是待估参数需要满足一些理论矩条件,并用样本矩条件来替代理论矩条件,通过最小化广义矩估计量来定义样本矩条件到零点的距离,记矩条件为: $E[m(Y, \Delta)] = 0$,其中 Δ 为待估计参数。

广义矩估计量为: $Q(\Delta) = \sum_{t=1}^{T} m(y_t, \Delta) A(y_t, \Delta) m(y_t, \Delta)$,其中 A 是加权矩阵。估计 A 矩阵获得 Δ 的一致估计量,在不精确条件下,令 A 等于 m 的协方差矩阵的逆矩阵,可以得到 Δ 的渐近有效估计量。

GMM 的基本假设为方程组中的扰动项和工具变量不相关,即残差项和工具变量满足正交化条件,即 $m(\Delta, Y, X, Z) = Z'\mu(\Delta, Y. X)$,其中 Z 是工具变量。

合理选择加权矩阵 A 是 GMM 估计的重要步骤,直接决定估计结果是否具有稳健性,通常加权矩阵的最佳选择是 $A = \hat{\Omega}^{-1}$,即选择样本矩的协方差矩阵。常用的估计方法有 White 异方差一致协方差矩阵估计方法（White's heteroskedasticity consistent covariance matrix）和异方差和自相关一致协方差矩阵估计方法（heteroskedasticity autocorrelation consisitent covariance matrix，HAC）。White 法一般适用于截面数据，HAC 法常用于估计时间序列数据。本书涉及的实证数据均为时间序列，因此选用 HAC 法，协方差矩阵估计量 $\hat{\Omega}_{HAC}$：

$$\hat{\Omega}_{HAC} = \hat{\Gamma}(0) + \left(\sum_{j=1}^{T-1} \kappa(j,q)(\hat{\Gamma}(j) - \hat{\Gamma}'(j)) \right) \qquad (3-52)$$

式（3-52）中：$\hat{\Gamma}(j) = \dfrac{1}{T-k} \sum_{t=j+1}^{T} Z'_{t-j} \mu_t \, \mu'_{t-j} Z_t$，$\kappa$ 为核函数（Kernel），q 为带宽。

选择核函数的方法有 Bartlett 核函数和 QS（quadratic spectral）核函数。本书选择 Bartlett 函数作为核函数，其表达形式为：

$$\kappa(j,q) = \begin{cases} 1 - \dfrac{j}{q}, & 0 \leq j \leq q \\ 0, & \text{其他} \end{cases} \qquad (3-53)$$

带宽 q 决定了估计 $\hat{\Omega}_{HAC}$ 时，由核函数赋予的权重随着滞后阶数的不同而改变。本书选择 Newey-West 的固定带宽的做法，带宽取决于样本的观测值个数：$q = \text{int}[4(T/100)^{2/9}]$，其中，$\text{int}(\cdot)$ 表示取整函数。

3.2.2　数据来源与数据处理

借鉴现有文献的研究成果，结合我国数据的可得性，本书选取了 1999 年第一季度至 2016 年第一季度的季度数据作为观测样本，可得到有效观测值 69 个。文章收集的原始数据包括：以不变价计量的国内生产总值当季值；消费者价格指数月度环比值；商品房销售额和商品房销售面积月度累积数据；7 天、30 天及 60 天银行间同业拆借月度加权平均利率与成交金额；一年期存款基准利率和一年期贷款基准利率；流通现金、狭义货币供应量及广义货币供应量季度余额；月度平均汇率。以上数据主要来源于 Wind 资讯数据库，部分数据来自中国人民银行网站。

主要变量的数据处理过程如下：（1）利用 Census X12 方法对以不变价计量的国内生产总值当季值进行去季节效应处理，随后利用 Hodrick-Prescott 滤波分离趋势成分和波动成分，以波动成分占趋势成分的百分比作为产出缺口

（GDP）。（2）将消费者价格指数月度环比数据转换为季度环比数据，以上一季度为1可以得到本季度的物价涨跌水平，利用 Census X12 方法剔除季节效应，得到通胀缺口（CPI）的备用数据。（3）将商品房销售额和商品房销售面积的月度累积数据转换为当季数据，前者除以后者得到商品房销售价格的平均值序列①，利用 Census X12 方法剔除季节效应，随后利用 Hodrick - Prescott 滤波得到波动偏离趋势的百分比，作为房价缺口（HP）的备用数据。（4）利用7天、30天及60天的银行间同业拆借月度加权平均利率和月度成交金额计算季度加权平均利率，并将上述年化利率转化为季度利率，作为货币政策利率（R_7、R_30、R_60）的备用数据；利用一年期存款基准利率和贷款基准利率月度数据计算季度平均基准利率（R_C、R_D）。（5）利用 Census X12 方法对流通现金、狭义货币供应量及广义货币供应量季度余额进行去季节效应处理，随后计算季度增长率，作为货币供应量增速（M0、M1、M2）的备用数据。（6）月度平均汇率经过同样的季度数据转换、去季节效应以及去趋势处理，得到缺口数据（EX）作为备用工具变量。

表 3-1 列示了经上述处理之后主要变量的单位根检验结果，均通过10%水平的平稳性检验。

表 3-1　　　　　　主要变量的 ADF 平稳性检验结果

变量	ADF 值	1%临界值	5%临界值	10%临界值	P 值	结果
GDP	-2.92602	-3.53003	-2.90485	-2.58991	0.0476	平稳
CPI	-5.58179	-3.53003	-2.90485	-2.58991	0.0000	平稳
HP	-5.00009	-3.53003	-2.90485	-2.58991	0.0001	平稳
R_7	-2.77495	-3.53003	-2.90485	-2.58991	0.0672	平稳
R_C	-2.59406	-3.53003	-2.90485	-2.58991	0.0991	平稳

① 我国从2011年起对房地产价格的统计口径进行了调整，停止统计房地产销售价格指数，开始实施《住宅销售价格统计调查方案》，全面修改了房地产价格的来源、计算方法等主要因素，使得2011年后的数据与历史数据之间不存在可比性。鉴于此，本文采用的商品房价格是利用商品房销售额除以商品房销售面积计算得到的。

变量	ADF 值	1% 临界值	5% 临界值	10% 临界值	P 值	结果
R_D	−4.24343	−3.53003	−2.90485	−2.58991	0.0012	平稳
M_0	−3.08825	−3.53159	−2.90552	−2.59026	0.0322	平稳
M_1	−2.84855	−3.53159	−2.90552	−2.59026	0.057	平稳
M_2	−7.077403	−3.534868	−2.906923	−2.591006	0.0000	平稳
EX	−3.05894	−3.53159	−2.90552	−2.59026	0.0346	平稳

注：字母含义为：HP：商品房销售价格；R_7：7 天银行间同业拆借利率；R_C：一年期存款基准利率；R_D：一年期贷款基准利率；M_0：流通中的现金；M1：狭义货币供应量；M_2：广义货币供应量；EX：汇率。

资料来源：作者根据实证结果整理。

3.2.3　参数估计结果与房地产市场定价非效率因素

利用上文提到的联立方程系统全信息广义矩估计方法和观测样本数据，即可得到参数估计值。

（1）最优利率规则约束方程参数估计结果。表 3－2 列示了推导最优利率规则所需参数的估计结果，其中 Panel A. 是利用全信息 GMM 估计出的结果，Panel B. 是利用 OLS 估计出的结果。

总体上看，利用全信息 GMM 和 OLS 两种方法得到的参数估计值存在较大差异：前者拥有较好的显著性，且所有参数估计值的符号与理论假设一致；而后者中大部分参数估计结果未能通过显著性检验，且部分参数估计值的符号与理论假设相左。出现这一结果的主要原因是，联立方程系统的 OLS 估计方法是考虑到任意方程间对系统中的参数的限制条件下，最小化每个方程残差平方和来获得参数估计值的，而本书中没有施加类似的限制，因此，联立方程系统的 OLS 估计方法实际上等同于利用 OLS 方法逐个估计系统中的单一方程。此外，由于残差可能存在异方差或同期相关，OLS 估计量的有效性也值得怀疑。因此，对比 Panel A. 和 Panel B. 中的参数估计结果，可以认为：利用 OLS 方法估计本书涉及的联立方程系统参数是不适当的，全信息 GMM 估计方法要更加科学。此外，全信息 GMM 估计中使用了变量的滞后值作为工具变量，Sargan's J Test 结果显示均不能拒绝原假设，意味着通过了有效性检验。

表3-2　　最优货币政策利率联立方程系统参数估计结果

	PanelA. Full Information GMM Estimators				
	(1)	(2)	(3)	(4)	(5)
	R_7	R_30	R_60	R_C	R_D
β_0	0.0305	0.0368	0.0180	0.0174	0.0053
	(0.0521)	(0.0562)	(0.0547)	(0.0368)	(0.0448)
β_1	0.7721***	0.7867***	0.8151***	0.7699***	0.7492***
	(0.0398)	(0.0373)	(0.0328)	(0.0341)	(0.0354)
β_2	0.2446***	0.2700***	0.2408***	0.2500***	0.1507***
	(0.0413)	(0.0364)	(0.0395)	(0.0383)	(0.0238)
β_3	0.0370***	0.0311***	0.0287**	0.0388***	0.0419***
	(0.0120)	(0.0103)	(0.0112)	(0.0089)	(0.0087)
δ_1	2.0737***	1.8320***	1.1261***	2.0044***	0.4527*
	(0.3631)	(0.31760	(0.2749)	(0.3479)	(0.2572)
δ_2	2.4141***	2.3705***	1.9979***	2.0594***	2.2496***
	(0.3974)	(0.3898)	(0.3238)	(0.3846)	(0.3141)
ω_1	0.4108***	0.4200***	0.4057***	0.3491***	0.4312***
	(0.0689)	(0.0655)	(0.0571)	(0.0561)	(0.0533)
J-Statistic	0.2487	0.2434	0.2385	0.2452	0.2527
	PanelB. OLS Estimators				
	(6)	(7)	(8)	(9)	(10)
	R_7	R_30	R_60	R_C	R_D
β_0	-0.0711	-0.0711	-0.0711	-0.0711	-0.0711
	(0.0988)	(0.0988)	(0.0988)	(0.0988)	(0.0988)
β_1	0.8044***	0.8049***	0.8128***	0.8026***	0.7959***
	(0.0659)	(0.0660)	(0.0666)	(0.0654)	(0.0651)
β_2	0.1269	0.1251	0.1228	0.1356	0.0789
	(0.0868)	(0.0858)	(0.0756)	(0.0890)	(0.0605)

续表

	(6)	(7)	(8)	(9)	(10)
	R_7	R_30	R_60	R_C	R_D
β_3	0.0285	0.0284	0.0272	0.0273	0.0305
	(0.0209)	(0.0209)	(0.0209)	(0.0210)	(0.0208)
δ_1	0.7735	0.7414	0.6838	0.7758	0.3748
	(0.4989)	(0.4866)	(0.4344)	(0.5122)	(0.3551)
δ_2	1.0954 ***	1.0939 ***	1.1019 ***	1.0791 ***	1.0962 ***
	(0.3967)	(0.3971)	(0.3961)	(0.3982)	(0.4024)
ω_1	0.1948 *	0.1935 *	0.1937 *	0.1942 *	0.2042 *
	(0.1061)	(0.1062)	(0.1061)	(0.1062)	(0.1068)
N	69	69	69	69	69

PanelB. OLS Estimators

注：表中 * 、 ** 、 *** 分别表示 10% 、5% 、1% 水平下统计显著；括号中为参数估计量的异方差自相关稳健的标准误。

资料来源：作者根据实证结果整理。

考察 Panel A. 中回归式（1）的参数估计结果，即以 7 天银行间同业拆借利率作为货币政策利率代理变量时的参数估计结果①。β_0 是 Philips 曲线中通胀对产出缺口的系数，全信息 GMM 估计结果为 0.0305，没有通过显著性检验。这意味着长期来看产出缺口对通胀的影响较小，换言之，长期 Philips 曲线是近似竖直的。β_1、β_2 和 β_3 是 IS 曲线的参数，从回归式（1）的估计结果来看，各参数估计值均通过了 1% 水平的显著性检验。产出缺口的一阶平滑系数为 0.7721，意味着产出缺口的形成和消失都是按照渐进的方式实现。β_2 的估计值为 0.2446，由于方程设定时已考虑了符号，这一估计结果表明产出缺口与实际利率间的负向关系：实际利率每增加 1 个百分点，产出缺口会下降 0.2446

① 在现有的实证研究中，通常使用市场化程度较高的利率作为货币政策基准利率的代理变量。银行同业间拆借市场是我国目前市场化程度最高的市场之一（另一个市场化程度较高的是债券回购市场），其中 7 天期银行同业拆借比例较高，且走势比较平稳（刘志明，2006），利率水平可以较好地体现资金的真实价格，适合作为货币政策利率的代理变量（刘金全和张小宇，2012）。

个百分点（即正向产出缺口会缩小，负向产出缺口会扩大）。β_3 的估计值为 0.0370，房地产价格缺口对实际产出缺口存在统计上显著的影响，但作用力度要小于通胀，这意味着最优利率规则对房地产价格缺口的调整力度也可能小于对通胀的调整力度。δ_1、δ_2 和 ω_1 刻画了房地产价格受实际利率、产出缺口预期和房地产价格缺口一阶差分项的影响，参数估计结果均在 1% 水平显著。这一结果表明房地产价格的确是内生的，因而将其视为外生变量的现有研究所得到的结论可能存在偏误。

回归式（2）至式（5）分别列示了以 30 天银行间同业拆借利率、60 天银行间同业拆借利率、一年期存款基准利率、一年期贷款基准利率作为货币政策利率代理变量时，各参数的估计结果。可以看出，不同回归式中参数估计值大小存在些微变化，但显著性检验的结果均十分接近。因此，本书构建的联立方程系统能够较好地刻画实际产出、通货膨胀率、房地产价格之间的关系，且由全信息 GMM 方法得到的参数估计结果具有良好的稳健性。

重点关注房地产市场定价非效率因素对房地产价格波动的影响系数。表 3 - 2Panel A. 中参数 ω_1 在回归式（1）至式（5）中的估计值分别为 0.4108、0.4200、0.4057、0.3491 和 0.4312，参数估计结果稳定，且均通过了 1% 水平的显著性检验。由此可以推断，定价非效率因素对我国房地产价格波动的影响具有统计上的显著性，且在经济含义上也有着较为显著的影响。利用上述参数估计结果，根据式和式可以测算出我国房地产价格波动中的非效率成分的大小：

$$q_t^{inefficient} = q_t + \delta_1 [i_t - E_t(\pi_{t+1})] - \delta_2 E_t(y_{t+1}) \qquad (3-54)$$

式（3 - 54）中，$q_t^{inefficient}$ 为房地产价格波动中定价非效率因素的成分。按照前文的定义，其包含了由于房地产价格上期价格变化导致的消费者和投资者的非理性情绪影响，和由于市场摩擦带来的随机噪声。图 3 - 1 描绘了样本期内我国房地产价格缺口与由式得到的房地产价格波动中定价非效率成分。

由图 3 - 1 可以看出，自 1999 年第一季度以来，我国房地产价格波动中的非效率成分一直较大；在某些特定的年份，定价非效率成分的绝对值甚至大于总的波动，这意味着由内在价值决定的房地产价格波动与由定价非效率因素导致的房地产价格波动的方向相反。因此，中央银行针对房地产价格缺口中隐含的通胀、产出缺口预期信息来进行调控，与中央银行针对房地产价

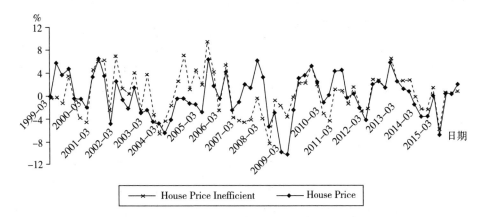

图 3-1　房地产价格缺口与定价非效率成分比较——基于（3-48）联立方程系统

资料来源：作者根据实证结果绘制。

格缺口中的定价非效率因素进行调控是截然不同的。

（2）最优货币供应量规则约束方程参数估计结果。在引入货币供应量后，中央银行最优货币政策决策的约束增加。根据前文所述，由中央银行损失函数出发推导最优货币供应量规则，需在约束条件的基础上增加货币供应量与利率的联系，因此，待估联立方程系统由如下四个等式构成：

$$\begin{cases} \pi_t = \pi_{t-1} + \beta_0 y_{t-1} + \varepsilon_t \\ y_t = \beta_1 y_{t-1} - \beta_2 [i_{t-1} - E_{t-1}(\pi_t)] + \beta_3 q_{t-1} + \eta_t \\ q_t = -\delta_1 [i_t - E_t(\pi_{t+1})] + \delta_2 E_t(y_{t+1}) + \omega_1 \Delta q_{t-1} + \mu_t \\ i_t = \gamma_0 + \gamma_1 y_t - \gamma_2 m_t + \vartheta_t \end{cases} \quad (3-55)$$

分别以流通中的现金（M0）、狭义货币（M1）以及广义货币（M2）作为货币供应量的代理变量，同样利用全信息 GMM 方法可以得到所需的参数估计值。注意，在参数估计过程中使用的利率中介变量为市场化程度最高的 7 天银行间同业拆借利率。表 3-3 列示了基于全信息 GMM 方法和 OLS 方法的参数估计值。

表 3 – 3　　　　　最优货币供应量联立方程系统参数估计结果

变量	Full InformationGMM Estimators			OLS Estimators		
	(11)	(12)	(13)	(14)	(15)	(16)
	M0	M1	M2	M0	M1	M2
β_0	0.0416	0.0133	0.0305	− 0.0711	− 0.0711	− 0.0711
	(0.0470)	(0.0332)	(0.0501)	(0.0988)	(0.0988)	(0.0988)
β_1	0.7772 ***	0.7676 ***	0.7714 ***	0.8044 ***	0.8044 ***	0.8044 ***
	(0.0383)	(0.0202)	(0.0393)	(0.0659)	(0.0659)	(0.0659)
β_2	0.2552 ***	0.2393 ***	0.2450 ***	0.1269	0.1269	0.1269
	(0.0351)	(0.0269)	(0.0360)	(0.0868)	(0.0868)	(0.0868)
β_3	0.0345 ***	0.0386 ***	0.0370 ***	0.0285	0.0285	0.0285
	(0.0109)	(0.0088)	(0.0116)	(0.0209)	(0.0209)	(0.0209)
δ_1	2.0291 ***	2.1814 ***	2.0723 ***	0.7735	0.7735	0.7735
	(0.3435)	(0.2199)	(0.3449)	(0.4989)	(0.4989)	(0.4989)
δ_2	2.4057 ***	2.3962 ***	2.4270 ***	1.0954 ***	1.0954 ***	1.0954 ***
	(0.3812)	(0.2571)	(0.3795)	(0.3967)	(0.3967)	(0.3967)
ω_1	0.3975 ***	0.4052 ***	0.4107 ***	0.1948 *	0.1948 *	0.1948 *
	(0.0614)	(0.0425)	(0.0621)	(0.1061)	(0.1061)	(0.1061)
γ_0	0.9972 ***	1.0328 ***	1.3085 ***	0.7761 ***	0.9298 ***	0.9266 ***
	(0.1015)	(0.0252)	(0.0977)	(0.0455)	(0.0351)	(0.0733)
γ_1	0.1100 ***	0.0950 ***	0.0491 ***	0.0896 ***	0.0846 ***	0.0660 ***
	(0.0115)	(0.0107)	(0.0177)	(0.0208)	(0.0153)	(0.0205)
γ_2	0.1190 ***	0.0969 ***	0.1592 ***	0.0342 **	0.0678 ***	0.0615 ***
	(0.0374)	(0.0067)	(0.0243)	(0.0150)	(0.0085)	(0.0179)
J-Statistic	0.2487	0.2566	0.2453	–	–	–
N	69	69	69	69	69	69

　　注：表中 * 、 ** 、 *** 分别表示10% 、5% 、1% 水平下统计显著；括号中为参数估计量的异方差自相关稳健的标准误。

　　资料来源：作者根据实证结果整理。

表 3 – 3 中回归式（11）、式（12）及式（13）汇报了全信息 GMM 方法得到的参数估计结果，式（14）、式（15）及式（16）汇报了 OLS 得到的参数估计值。总体上看，两组参数估计结果呈现出以下特征：第一，全信息 GMM 估计值表现出较好的统计显著性，且参数符号符合理论预期。由于联立方程系统中的前三个方程与最优利率规则估计过程中涉及的方程相同，这里重点观察最后一个方程参数估计值的符号和显著性。显然，估计结果中 $\gamma_1 >$ 0 意味着利率与产出缺口正相关，$\gamma_2 > 0$ 意味着利率与货币供应量负相关（注意中货币供应量前的负号）。第二，OLS 估计值的显著性较全信息 GMM 估计值有很大的下降，且部分参数估计值符号与理论预期相反。正如前文所述，这主要是因为 OLS 估计方法是对分别估计联系方程系统中的每个方程，而不考虑方程残差间的相关性。同样由于 OLS 估计的这一特性，加之中的前三个方程的参数估计值相同，不难发现式（14）、式（15）及式（16）中前七个参数估计值完全相同。

考察以 M2 为货币供应量的代理变量时，联立方程系统的参数估计结果。由回归式（13）可以看出，在引入了货币供应量与产出缺口和利率之间的联系后，参数估计值与表 3 – 2 中回归式（1）的结果存在些许差异，这些差异是由于新增方程残差与其他方程残差间的相关性所造成的。参数 γ_2 刻画了货币供应量与利率间的联系，从参数估计结果来看，M2 每增加 1 个百分点，7 天银行间同业拆借利率下降 0.1592 个百分点。这意味着：若货币供应量的调整以利率作为中介来发挥其宏观调控效果（如所规定的），其调控效率是较低的。通过下文最优货币供应量规则的测算，可以更为清楚地看到这一特征。

表 3 – 3 中，房地产市场定价非效率因素对房地产价格波动的影响系数 ω_1 在回归式（11）、式（12）及式（13）中分别为 0.3975、0.4052 和 0.4107。参数估计值大小比较稳定，且均通过了 1% 水平的显著性检验。根据前文最优货币供应量规则的理论分析，这一参数估计结果意味着，我国中央银行在进行货币供应量调控决策时，房地产资产定价效率应是影响其决策的重要因素。

同样，可以根据式来测算房地产价格缺口中的定价非效率成分。以 M2 为例，借助上述参数估计结果，可得到图 3 – 2 如下：

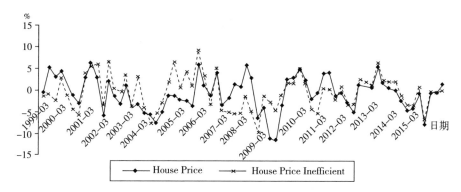

图3-2　房地产价格缺口与定价非效率成分比较——基于（3-55）联立方程系统
资料来源：作者根据实证结果绘制。

由于回归式（13）与回归式（1）中参数 δ_1 和 δ_2 的估计结果比较接近，图 3-2 描绘的房地产市场定价非效率成分与图（3-1）仅存在细微差异，在此不展开赘述。

综上所述，从本节的参数估计结果可以看出：我国房地产价格缺口并不仅仅反映了通货膨胀率和实际产出缺口的预期，房地产市场定价非效率因素是显著影响房地产价格波动的重要因素。因此，根据上一节关于最优货币政策的理论分析，房地产价格缺口中包含的定价非效率因素应当影响我国中央银行的最优货币政策决策；不论是以基准利率作为调控工具，还是以货币供应量作为调控手段，我国中央银行都应当对房地产价格缺口中的定价非效率成分进行干预。

3.3　最优货币政策规则的测算、模拟与调控效果分析

3.3.1　最优货币政策的测算

（1）最优利率规则的测算。根据以上参数估计结果和公式，可以得到最优货币政策利率规则。产出缺口与通货膨胀率在央行损失函数中的权重不同，会造成最优利率政策的调整系数存在差异。以 7 天银行间同业拆借利率为例，

当产出缺口的损失权重 ρ 分别为 0.5、1 和 2 时，最优货币政策利率规则如下：

$$\rho = 0.5: \quad i_t^* = i^* + 2.3562 * (\pi_t - \pi^*) + 2.4747 * y_t + 0.0473 * (q_t - q_t^*) \quad (3-56)$$

$$\rho = 1: \quad i_t^* = i^* + 1.7220 * (\pi_t - \pi^*) + 2.4554 * y_t + 0.0473 * (q_t - q_t^*) \quad (3-57)$$

$$\rho = 2: \quad i_t^* = i^* + 1.3742 * (\pi_t - \pi^*) + 2.4447 * y_t + 0.0473 * (q_t - q_t^*) \quad (3-58)$$

当 $\rho = 0.5$ 时，产出缺口在央行损失函数所占的权重小于通货膨胀率，换言之，中央银行对通货膨胀的重视程度超过产出缺口，最优利率规则中利率对通胀的反应系数为 2.3563。而当 $\rho = 1$ 时，产出缺口与通货膨胀在央行损失函数中所占权重相同，此时最优利率规则中利率对通胀的反应系数下降为 1.7220。当 $\rho = 2$ 时，产出缺口在央行损失函数中所占权重大于通货膨胀率，最优货币政策规则对通货膨胀率的反应系数进一步下降。

需要注意的是，从式（3-56）、式（3-57）及式（3-58）可以发现，与谭政勋和王聪（2015）的研究一样，模型式的构造方法决定了产出缺口权重不影响最优利率对房地产价格缺口中定价非效率因素的反应系数。

由于《中国人民银行法》规定，"货币政策目标是保持货币币值稳定，并以此促进经济增长"，我国货币政策实质上可归类于弹性通胀目标制框架下，这意味着通货膨胀和经济增长均是货币政策的调控目标。不妨假设我国中央银行同等重视上述两个目标，即 $\rho = 1$。图3-3给出了 $\rho = 1$、以7天银行间

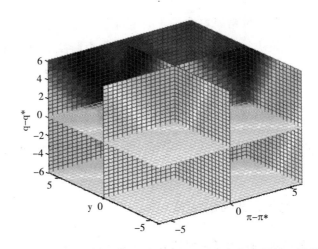

图3-3　$\rho = 1$ 时我国中央银行最优利率规则与各变量缺口的关系

注：X、Y 及 Z 轴分别表示通胀缺口、产出缺口及房地产价格缺口中的定价非效率成分。

资料来源：作者根据实证结果整理。

同业拆借利率作为货币政策利率的代理变量时，我国中央银行最优利率与各类缺口的关系。图中颜色由浅至深表示最优利率由低到高，可以看出随着通胀、实际产出和房地产价格缺口中定价非效率成分的扩大，最优利率会随之升高。

表3-4列示了以不同利率作为货币政策利率的代理变量时最优货币政策利率规则。

表3-4 $\rho = 1$ 时我国中央银行最优利率规则

变量	$\pi_t - \pi^*$	y_t	$q_t - q_t^*$
R_7	1.7220	2.4554	0.0473
R_30	1.8437	2.4727	0.0400
R_60	1.5446	3.0113	0.0427
R_C	1.4271	2.3733	0.0413
R_D	1.2531	4.4224	0.1065

资料来源：作者根据实证结果整理。

从表3-4的结果可以看出，尽管以不同利率变量代理货币政策利率时，中央银行对通胀缺口、产出缺口以及房地产价格缺口中定价非效率成分的反应系数存在一定差异，但是所有最优货币政策利率规则估计结果均表现出以下同样的特征：第一，最优货币政策利率对通胀缺口的反应系数均大于1，这一结果符合泰勒原则（Taylor principle）的要求，即理论上货币政策利率对通胀缺口的反应系数大于1才能避免通货膨胀或通货紧缩的自我实现。第二，最优利率规则对产出缺口的反应系数大于对通胀缺口的反应系数，虽然通胀和产出缺口在中央银行损失函数中所占权重相等，但是根据对我国经济环境［约束条件式（3-2）～式（3-5）］的估计结果，产出缺口对我国最优货币政策利率的影响要大于同等大小的通胀缺口的影响。第三，最优货币政策利率对房地产价格缺口中定价非效率成分的反应系数要远远小于其对通胀或产出缺口的反应系数，这意味着货币政策利率对房地产价格的过度反应并非合理的选择。

（2）最优货币供应量规则的测算。根据式（3-44）～式（3-47）和上述参数估计结果，可以推导出中央银行最优货币供应量规则的具体形式。与最优利率规则的测算一样，这里同样计算了当产出缺口的损失权重 ρ 分别为

0.5、1 和 2 时的最优货币供应量规则如下（以 M2 为例）：

$$\rho = 0.5 : m_t^* = m^* - 14.7796 * (\pi_t - \pi^*) - 15.2018 * y_t - 0.2967 * (q_t - q_t^*) \quad (3-59)$$

$$\rho = 1 : m_t^* = m^* - 10.8050 * (\pi_t - \pi^*) - 15.0805 * y_t - 0.2967 * (q_t - q_t^*) \quad (3-60)$$

$$\rho = 2 : m_t^* = m^* - 8.6250 * (\pi_t - \pi^*) - 15.0140 * y_t - 0.2967 * (q_t - q_t^*) \quad (3-61)$$

由上述式（3-59）~式（3-61）可以看出，当产出缺口在央行损失函数中所占比重越大时，最优货币供应量规则对通胀缺口的相对反应系数越小。同样，由于联立方程系统的构造中房地产价格与权重参数 ρ 无关（谭政勋和王聪，2015），因此最优货币供应量对房地产价格缺口中定价非效率成分的反应系数不受其影响。

表 3-5 汇报了当 $\rho = 1$ 时，分别以 M0、M1 及 M2 为货币供应量代理变量时的中央银行最优货币供应量规则。总体看，M2 对通胀、产出即房地产价格缺口的反应系数要小于 M0 和 M1，一个可能的原因是 M2 不仅受中央银行的调控，还受到市场上货币乘数的影响。另外，和最优利率规则一样，最优货币供应量对产出缺口的反应系数大于对通胀缺口的反应系数，尽管两者在中央银行损失函数中所占权重相等。房地产价格缺口中定价非效率成分对最优货币供应量的影响相对于产出缺口和通胀缺口而言较小。

表 3-5　　　　　　　　　　最优货币供应量规则

变量	$\pi_t - \pi^*$	y_t	$q_t - q_t^*$
M0	-16.1942	-19.8269	-0.3546
M1	-13.7232	-23.6895	-0.4993
M2	-10.8050	-15.0805	-0.2967

资料来源：作者根据实证结果整理。

从表 3-3 和表 3-5 列示的参数不难看出，利用货币供应量这一数量型工具进行货币政策调控的效率并不高，即便是针对较小的通胀、产出和房地产价格缺口，中央银行也需要进行较大规模的货币供应量调整，才能最小化中央银行损失函数。尽管从数值大小上看，最优货币供应量对房地产价格缺口的调整系数并不大，但是由于房地产价格时常出现较大幅度波动，若单以货币供应量作为货币政策工具按照上述最优货币供应量规则对之调控的话，则可能会引起货币供应量的较大幅度频繁调整。

3.3.2 最优货币政策规则模拟

在现有的文献资料中，关于货币政策干预资产价格能否减少央行损失这一课题已经有了较为充分的研究成果。通过模拟中央银行最优货币政策规则，唐齐鸣和熊洁敏（2009）、熊洁敏（2010）、王宗林（2012）等发现，当货币政策干预资产价格波动时的中央银行损失要小于货币政策不干预资产价格波动时的中央银行损失。验证这一命题的方法比较简单，只需去掉式（3-4）和式（3-5）的约束，并且在式（3-2）中剔除资产价格对产出缺口的影响，便可构造出中央银行不干预资产价格波动时的最优货币政策决策问题，再经过联立方程估计和简要的推导便可得到最优货币政策规则。由于现有文献资料已经较为可靠地证实中央银行调控资产价格能够减少央行损失，这里不再重复前人的工作。

如前文理论部分所述，中央银行应该针对房地产价格波动中的定价非效率因素进行调控，且实证部分证实我国房地产价格波动受定价非效率因素影响较大，因此本小节通过数值模拟的方法来考察针对房地产价格波动中定价非效率因素进行干预的货币政策的调控效果。

将中央银行货币政策决策约束条件构成的联立方程系统和最优货币政策规则合并在一起就得到了一个封闭的模型（以最优利率规则为例）：

$$\begin{cases} \pi_t = \pi_{t-1} + \beta_0 y_{t-1} + \varepsilon_t \\ y_t = \beta_1 y_{t-1} - \beta_2 [i_{t-1} - E_{t-1}(\pi_t)] + \beta_3 q_{t-1} + \eta_t \\ q_t = q_t^* + \omega_1 \Delta q_{t-1} + \mu_t \\ q_t^* = -\delta_1 [i_t - E_t(\pi_{t+1})] + \delta_2 E_t(y_{t+1}) \\ i_t^* = i^* + f_\pi(\pi_t - \pi^*) + f_y y_t + f_q(q_t - q_t^*) \end{cases} \quad (3-62)$$

假定 $\rho = 1$、$\tau = 0.9$，即中央银行同等重视通胀和产出缺口，且央行损失的跨期折现率为90%。选取7天银行间同业拆借利率作为货币政策利率的代理变量，以样本期内的平均利率作为长期均衡利率，即 $i^* = 0.6930$。利用上节中的参数估计结果就能够进行样本期内的货币政策规则模拟，检验最优货币政策规则是否有效平抑了通货膨胀和实际产出缺口的波动。

图3－4对比了央行以最优利率规则进行货币政策干预时的模拟结果和实际经济数据的一阶差分值。可以看出，在样本期内通货膨胀率、实际产出缺口和房地产价格缺口均表现出较大波动（图中以×号标记的折线），尤其是房地产价格缺口的一阶波动甚至接近10%。与实际数据形成鲜明对比的是，若中央银行依照最优利率规则对通胀、产出缺口和房地产价格缺口中的非效率成分进行干预，上述缺口变量的波动将显著减小：在模拟期初，中央银行根据最优利率规则会进行较大幅度的货币政策调整，导致通胀、产出缺口和房地产价格缺口短期内出现较大波动；随后这些缺口变量很快回归到平稳水平，利率的调整幅度进入平缓阶段。从模拟数据和实际数据的对比情况很容易看出，前文得到的最优利率规则能够有效地平抑通胀、产出和房地产价格缺口。

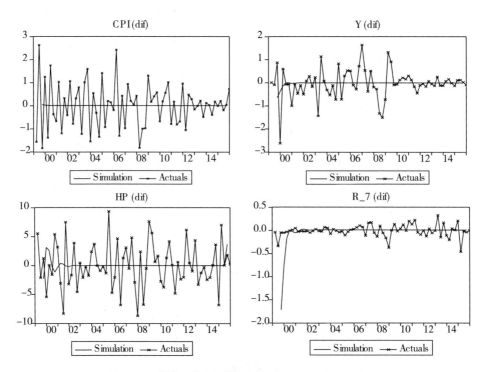

图3－4　最优利率规则模拟结果与实际经济数据对比

注：图中刻画了各指标的模拟值和实际值的一阶差分，样本期为1999年第1季度到2016年第1季度。

资料来源：作者根据实证结果绘制。

类似地，利用中央银行货币政策决策约束联立方程和最优货币供应量方程式，可以得到基于货币供应量调控的仿真模型。同样令 $\rho = 1$、$\tau = 0.9$，以 M2 作为货币供应量工具，则长期均衡货币供应量增速取样本期内的平均值，即 $m^{*} = 3.8886$。模拟结果见图 3 – 5。

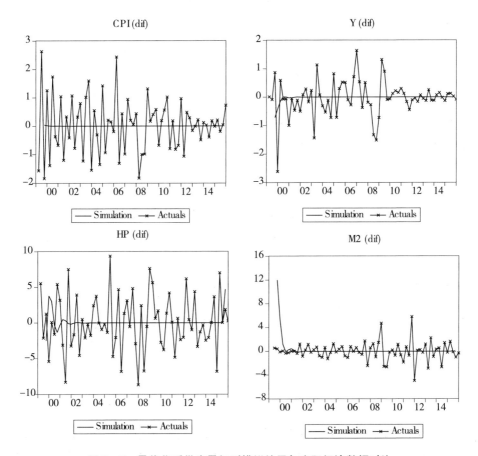

图 3 – 5　最优货币供应量规则模拟结果与实际经济数据对比

注：图中刻画了各指标的模拟值和实际值的一阶差分，样本期为 1999 年第 1 季度到 2016 年第 1 季度。

资料来源：作者根据实证结果整理。

从图 3 – 5 可以看出，若我国中央银行按照最优货币供应量规则（数值形式为式）来调控通货膨胀率、实际产出和房地产价格缺口中的定价非效率因素，同样能够很好地平抑各缺口变量的波动。除了在模拟期初，货币供应量的较大幅度调整引起实际产出缺口和房地产价格缺口的波动外，各缺口变量均能在随后较快地回归到平稳水平。

尽管图3-4和图3-5的结果表明，前文得到的最优利率规则和最优货币供应量规则在调控缺口方面有着不错的表现，但有两点需要注意：第一，上述货币政策规则指出了中央银行各期面临的最优选择，但在中央银行的货币政策实践中一般不可能进行过大幅度的调整，而是要考虑到货币政策调控的平滑，以避免对实体经济造成过大冲击；第二，如前所述，货币供应量主要通过对市场利率的影响来发挥其调控作用，而实证结果表明货币供应量的变化对利率的作用效果相对较小，因此中央银行必须通过较大幅度的货币供应量调整才能达到预期的调控效果，这从图3-5右下角的子图可以看出。

利用货币政策模拟的结果，可以进一步比较本书提出的针对房地产价格缺口中定价非效率因素（$q_t^{inefficient} = q_t - q_t^*$）进行干预的最优货币政策规则，和文献中常见的针对房地产价格缺口（q_t）进行干预的最优货币政策规则。表3-6列示了针对两种不同对象进行最优货币政策干预时中央银行的损失。

表3-6　　　　　　　　中央银行损失的模拟结果比较

	$q_t^{inefficient} = q_t - q_t^*$	q_t
最优利率规则（R_7）	22. 1196	22. 1612
最优货币供应量规则（M2）	22. 2751	22. 3271

资料来源：作者根据实证结果整理。

从表3-6可以看出，不论是利用基准利率还是利用货币供应量作为货币政策调控工具，中央银行针对房地产价格缺口中的定价非效率成分进行干预时中央银行的跨期损失折现值更小，而针对房地产价格缺口本身进行干预时中央银行的跨期损失折现值更大。因此，模拟的结果表明：中央银行对房地产价格波动的调控应当以房地产资产定价非效率因素作为干预对象，而不是简单地平抑房地产价格波动。

3.3.3 基于反事实方法的最优货币政策调控效果断代检验

上节在整个样本期间内模拟了最优利率规则和最优货币供应量规则的调控效果，本小节借鉴反事实分析（counterfactual analysis）的思路来考察在特定经济历史时点下，中央银行若采用最优货币政策调控规则是否能带来更好的宏观经济表现。选取的特定历史时点为图 3－1 揭示的房地产市场定价非效率情况最为严重的年份和季度，分别为 2003 年第 3 季度、2005 年第 3 季度、2008 年第 1 季度、2009 年第 4 季度，以及 2013 年第 1 季度。分别以这些时点作为断代模拟的起点来进行分析，检验前文中针对通胀缺口、实际产出缺口和房地产价格缺口中非效率因素进行干预的最优货币政策的调控效果。

由于中央银行在进行货币政策调控时通常采用渐进式的货币政策工具调整，为了使模拟数据和实际数据更具可比性，这里假设中央银行以如下一阶平滑的形式使得名义利率和货币供应量逐步逼近最优水平：

$$i_t = \kappa i_{t-1} + (1 - \kappa)i_t^* \qquad (3-63)$$

$$m_t = \kappa m_{t-1} + (1 - \kappa)m_t^* \qquad (3-64)$$

式（3－63）和式（3－64）中，i_t 和 m_t 分别是中央银行选择的目标名义利率和货币供应量，i_t^* 和 m_t^* 分别是由式（3－25）和式（3－44）决定的最优利率和最优货币供应量，参数 κ 为平滑系数，这里不妨令其为 0.9。

图 3－6 描绘了最优利率规则的断代模拟结果。总体上看，无论选择何种模拟起点时间，中央银行按照式（3－63）进行最优利率调整都能够有效平抑通货膨胀率、实际产出缺口以及房地产价格缺口的波动。以图中第 1 行为例，假如中央银行从 2003 年第 3 季度按照一阶平滑的最优利率规则进行调控，则当季的房地产价格缺口（跌幅）将小于实际情形；随后，房地产价格缺口向上收缩至 0 后稳定下来，通货膨胀率走势平稳，实际产出的跌幅小于现实情形，且避免了大幅波动。类似地，从图中第 4 行可以看出，假如中央银行从 2009 年第 4 季度按照一阶平滑的最优利率规则进行调控，房地产价格缺口、通货膨胀率以及实际产出缺口均走势平稳，有效避免了现实情形中的大幅波动。

另外，比较模拟得到的目标利率和现实利率可以发现，现实中货币政策利率调整的方向和力度与最优利率存在较大差异。例如：在 2003 年第 3 季度、2008 年第 1 季度，现实利率的调整方向与最优利率规则指出的调整方向相反；

2005 年第 3 季度的现实利率调整方向符合最优利率规则的要求，但是实际调整力度远小于最优利率规则水平；而在 2009 年第 4 季度和 2013 年第 1 季度，现实情况中利率调整方向与最优利率规则一致，但出现了调整过度的问题。

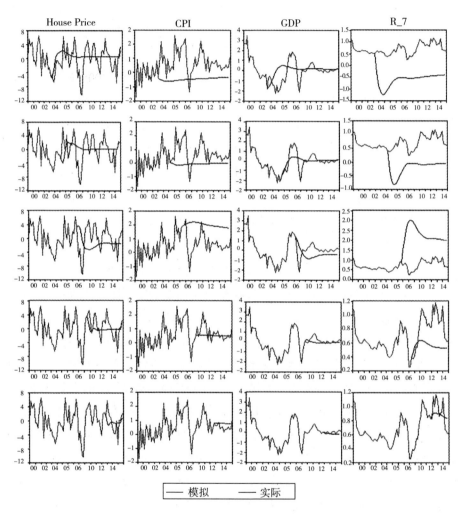

图 3 - 6　最优利率规则的断代模拟

注：由上向下五列分别以 2003 年第 3 季度、2005 年第 3 季度、2008 年第 1 季度、2009 年第 4 季度，以及 2013 年第 1 季度为模拟起点。

资料来源：作者根据实证结果整理。

以同样的时间起点可以对一阶平滑的最优货币供应量规则（式）进行断代模拟，得到图3-7。类似地，可以观察到在房地产市场定价非效率情况最为严重的各个季度，若中央银行执行一阶平滑的最优货币供应量规则，均能够有效、较快平抑各变量缺口，避免出现大的波动。

现实中我国货币供应量的变化与最优货币供应量规则决定的货币供应量变化存在较大的差距。这一方面揭示了我国中央银行的货币政策实践一定程度上偏离了最优货币供应量规则，另一方面也可能是因为我国中央银行综合使用了利率工具和货币供应量工具，故而实际货币供应量的变化与单一考虑货币时的最优货币供应量规则不同。

另外，如同式（3-60）所揭示的，由于我国货币供应量变化对市场利率的影响并不大，因此最优货币供应量对各变量缺口的反应系数较大，从而导致在调控初期最优货币供应量的变化往往比较剧烈。因此，当通胀率、实际产出出现较大缺口，以及房地产价格缺口中定价非效率成分较大时，货币供应量的调控效率并不十分理想。

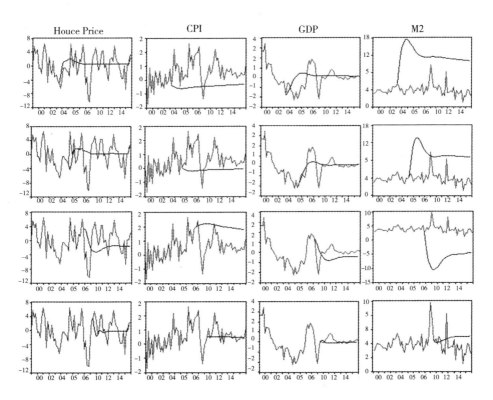

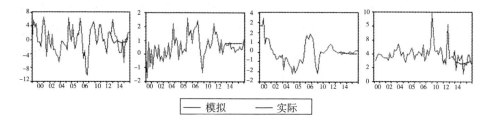

图 3 – 7　最优货币供应量规则的断代模拟

注：由上向下五列分别以 2003 年第 3 季度、2005 年第 3 季度、2008 年第 1 季度、2009 年第 4 季度，以及 2013 年第 1 季度为模拟起点。

资料来源：作者根据实证结果整理。

3.4　本章小结

本章基于中央银行损失函数和 IS-Philips-KM 框架分析了最优货币政策规则与房地产资产定价效率之间的关系，利用全信息 GMM 估计方法检验了我国房地产价格中存在的非效率因素，进而测算了我国中央银行的最优货币政策规则，并对其调控效果进行了模拟分析。

在行文安排上，本章主要分为三个部分：第一部分从中央银行损失函数和 IS-Philips-KM 框架出发，简要推导了中央银行最优利率规则和最优货币供应量规则的形式，从理论上揭示了房地产资产定价效率在最优利率规则和货币供应量规则函数中发挥的作用，以及其对货币政策干预力度的影响；第二部分利用我国经济数据，基于全信息 GMM 方法估计了模型参数，识别了我国房地产市场定价非效率因素；第三部分利用前文得到最优货币政策规则函数形式和 IS-Philips-KM 模型参数估计结果，测算了我国中央银行最优利率规则和货币政策规则的数值形式，并通过全样本模拟和断代模拟考察了最优货币政策规则的调控效果。

研究结论方面，本章通过数理模型的推导论证发现：房地产资产定价非效率因素是导致中央银行最优货币政策干预的重要原因，反映通胀和产出缺口预期的房地产价格波动不必然引起最优货币政策的调整，只有当房地产价格波动偏离了由通胀和产出缺口预期所暗含的内在价值水平时，中央银行的最优货币政策规则才应当予以干预。实证研究部分证实：定价非效率因素是影响我国房地产价格缺口的重要因素，无论以基准利率作为调控工具，还是以货币供应量作为调控手段，我国中央银行都应当对房地产价格缺口中的定价非效率成分进行干预；最优利率规则和货币供应量规则的全样本模拟和断代模拟结果揭示，针对通胀、实际产出缺口及房地产价格缺口中定价非效率因素进行干预的最优货币政策能够有效平抑经济波动，取得比现实情况更好的调控效果。

本章的创新和主要贡献体现在两个方面：一是，在弹性通胀目标制货币政策框架下，提出了房地产资产定价效率对最优货币政策规则的影响机理；而在经典理论中，货币政策干预资产价格波动的唯一原因是后者反映了通货膨胀和产出缺口预期。这一论点一方面从理论上支持了伯南克和格特勒（2000，2001）、比恩（2003，2004）的观点：即使房地产价格波动反映通胀和产出缺口预期，中央银行对房地产价格波动的干预仍然可能会导致通货膨胀率和产出缺口的波动增大，造成社会福利的损失；另一方面又与传统弹性通胀目标制下的"善意忽略"资产价格波动的货币政策规则不同，指出当房地产资产存在定价非效率因素时应予以货币政策干预。二是，在技术处理上，与现有文献中常见的一些处理方法不同，本章采用的 IS-Philips-KM 框架考虑了房地产价格的内生形成机制，揭示了房地产价格缺口中"内在价值成分"和"定价非效率成分"，因此相应地在实证检验中采用全信息 GMM 方法来处理由房地产价格内生性引起的问题，使结果更加稳健可靠。

第 4 章
我国货币政策干预房地产
资产定价效率的实证检验

第 3 章从理论上探讨了房地产资产定价效率对最优货币政策规则的影响，并利用经验数据证实了我国房地产价格缺口中存在较为显著的定价非效率因素，从而得到我国中央银行的最优货币政策应该针对房地产资产定价非效率成分进行调控的结论。那么，一个自然的疑问是：在我国中央银行的货币政策实践中，是否针对房地产价格缺口中的定价非效率因素进行了干预呢？

在现有的文献资料中，房地产价格波动对我国货币政策的影响已经得到了诸多经验研究的证实。例如赵进文和高辉（2009）、李成等（2010）、陈继勇等（2013）、袁野（2014）、谭政勋和王聪（2015）等通过实证研究得到了我国货币政策调控房地产价格的直接证据；封北麟和王贵民（2006a、b）、陈伟忠和黄炎龙（2011）、卞志村等（2012）、刁节文和章虎（2012）等通过将房地产价格纳入金融状况指数（financial conditions index），研究其对货币政策的影响，从而间接证实了我国中央银行利用货币政策工具干预房地产价格波动。与传统的弹性通胀目标制货币政策框架一致，绝大多数研究成果认为资产价格隐含了对未来产出和通胀的预测能力，故而中央银行会针对房地产价格波动进行调控。但是，根据第 3 章的研究结论，房地产价格缺口由内在价值变化（即反映通胀和产出预期的成分）和定价非效率因素（包括价格波动引起的市场情绪影响和市场摩擦造成的定价噪声）共同决定。因此，现有的实证研究成果并不能有效识别究竟是哪种成分导致了我国货币政策的调整，自然也不能回答我国货币政策是否针对房地产价格缺口中的定价非效率因素进行了干预。

为了填补这一研究空白，本章分别利用时间序列计量模型和结构宏观模型检验我国中央银行货币政策是否针对房地产价格缺口中的定价非效率因素进行了干预。在结构安排上，首先利用时间序列计量模型分别估计了货币政策利率和货币供应量对房地产价格缺口和房地产价格缺口中定价非效率因素的反应系数，进行比较分析；随后构建一个新凯恩斯动态随机一般均衡（NK-DSGE）分析框架，分别将房地产价格缺口和房地产价格缺口中定价非效率因素纳入中央货币政策规则方程，利用贝叶斯估计方法得到模型参数，并通过计算贝叶斯后验胜率进行模型比较，得到结论。

4.1 我国货币政策规则的 GMM 和 FIML-VAR 估计

4.1.1 模型、方法与数据

（1）待估模型。如前所述，中央银行在货币政策实践中通常不会对基准利率和货币供应量进行"突变式"的调整，而是会在上期基准利率和货币供应量的基础上进行渐进式调整。依照第 3 章中式（3-63）和式（3-64）的一阶平滑形式，借鉴李成等（2010）、谭政勋等（2015），更具现实意义的货币政策规则方程如下：

$$i_t = (1 - \rho)\left[i^* + f_\pi(\pi_t - \pi^*) + f_y y_t + f_q(q_t - q_t^*) \right] + \rho i_{t-1} + \sigma_t^i \qquad (4-1)$$

$$m_t = (1 - \kappa)\left[m^* + f'_\pi(\pi_t - \pi^*) + f'_y y_t + f'_q(q_t - q_t^*) \right] + \kappa m_{t-1} + \sigma_t^m \quad (4-2)$$

式（4-1）和式（4-2）中，$0 < \rho < 1$、$0 < \kappa < 1$ 分别表示基准利率和货币供应量调整的平滑系数；σ_t^i 和 σ_t^m 均为随机误差项。i^* 和 m^* 分别表示长期均衡状态下的基准利率和货币供应量增速，π^* 表示长期目标通胀率，这些参数均属未知，因此不妨将上述两式重新整理成如下形式：

$$i_t = (1 - \rho)\left[a + f_\pi \pi_t + f_y y_t + f_q(q_t - q_t^*) \right] + \rho i_{t-1} + \sigma_t^i \qquad (4-3)$$

$$m_t = (1 - \kappa)\left[b + f'_\pi \pi_t + f'_y y_t + f'_q(q_t - q_t^*) \right] + \kappa m_{t-1} + \sigma_t^m \quad (4-4)$$

式（4-3）和式（4-4）为待估方程，其中 $a \equiv i^* - f_\pi \pi^*$、$b \equiv m^* - f'_\pi \pi^*$ 分别为待估常数，f_q 和 f'_q 是重点考察的待估参数。

（2）参数估计方法。本章分别采用了 GMM 和 FIML-VAR 方法来获得模型参数的估计值，前一种方法是针对货币政策规则单一方程的部分信息参数估计方法，而后一种则是基于联立方程系统的全信息参数估计方法。

由于待估方程中解释变量可能存在较为严重的内生性，一般最小二乘法（OLS）得到的参数估计结果是不可靠的，而 GMM 是文献中最常见的处理内生性问题的参数估计方法。借助工具变量，GMM 能够在不引入其他结构性模型特征的前提下，有效克服内生性。需要注意的是，GMM 估计的可靠性依赖于所选工具变量的外生性和相关性，即良好的工具变量应当正交于模型残差项，同时与内生解释变量高度相关。GMM 估计方法的基本原理和具体操作在此不再赘述。

在计量实践中，寻找良好的工具变量往往是一件非常不易的事情，而弱相关或无效的工具变量会给准确的统计推断造成很大的困难（施托克和优格/Stock and Yogo，2002）。因此，单一方程 GMM 估计的一个替代方案是利用更为复杂的全信息估计方法，本书采用的 FIML-VAR 即是其中一种。FIML-VAR 通过一套独立的联立方程系统"先验"地刻画货币政策方程中内生变量的动态特征，然后再考察这些重要解释变量对基准利率和货币供应量的影响（菲诺基亚罗和海德肯/Finocchiaro and Heideken，2013）。具体而言，FIML-VAR 将货币政策规则方程和一个预先估计的关于非货币政策变量的向量自回归（VAR）系统结合在一起，进行全信息极大似然估计（FIML）。考虑到在单一的待估货币政策规则方程的基础上引入辅助的联立方程系统可能会带来变量关系误设的问题，本书采用的 VAR 能够最小限度地引入变量间的结构性特征关系，减少误设的可能性。

（3）数据来源和处理。本章参数估计使用的样本和数据来源与第 3 章基本相同，以 1999 年第一季度至 2016 年第一季度的季度数据作为观测样本，可得到有效观测值 69 个。构造解释变量所需原始数据包括：以不变价计量的国内生产总值当季值；消费者价格指数月度环比值；商品房销售额和商品房销售面积月度累积数据。被解释变量，即货币政策工具的原始数据主要包括：7 天银行间同业拆借月度加权平均利率与成交金额；一年期贷款基准利率；流通现金、狭义货币供应量及广义货币供应量季度余额。数据主要来源于 Wind 资讯数据库，部分数据来自中国人民银行网站。

主要变量的数据处理过程如下：①利用 Census X12 方法对以不变价计量的国内生产总值当季值进行去季节效应处理，随后利用 Hodrick - Prescott 滤波分离趋势成分和波动成分，以波动成分占趋势成分的百分比作为产出缺口

（GDP）。②将消费者价格指数月度环比数据转换为季度环比数据，以上一季度为 1 可以得到本季度的物价涨跌水平，利用 Census X12 方法剔除季节效应，得到通货膨胀率（CPI）的备用数据。③将商品房销售额和商品房销售面积的月度累积数据转换为当季数据，前者除以后者得到商品房销售价格的平均值序列①，利用 Census X12 方法剔除季节效应，随后利用 Hodrick – Prescott 滤波得到波动偏离趋势的百分比，作为房价缺口（HP）的备用数据。④利用 7 天银行间同业拆借月度加权平均利率和月度成交金额计算季度加权平均利率，并将上述年化利率转化为季度利率，作为货币政策利率（R_7）的备用数据；利用一年期贷款基准利率月度数据计算季度平均基准利率（R_D）。⑤利用 Census X12 方法对狭义货币供应量和广义货币供应量季度余额进行去季节效应处理，随后计算季度增长率，作为货币供应量（M1、M2）的备用数据。⑥房地产价格缺口中的定价非效率成分（$q_t^{inefficient}$）可利用上一章中相关参数的全信息 GMM 估计结果推导得出，即：$q_t^{inefficient} = q_t + \delta_1 [i_t - E_t(\pi_{t+1})] - \delta_2 E_t(y_{t+1})$。

4.1.2　参数估计结果

（1）单一方程 GMM 估计结果。表 4 – 1 列示了利用 GMM 方法估计单一的利率规则方程所得到的结果，其中左侧两列汇报了将房地产价格缺口纳入利率规则方程时的参数估计结果，这是现有文献中的通常做法；右侧两列汇报了将房地产资产定价非效率成分纳入利率规则方程时的参数估计结果，对应于上文中待估的式（4 – 3）。在两组回归中均分别以 7 天银行间同业拆借利率（R_7）和一年期贷款基准利率（R_D）作为货币政策利率的代理变量，前者代表了市场化程度最高的利率变量，后者为中央银行利率调整最直接的工具。

首先考察左侧两列参数估计结果，并与现有文献资料进行比较。总体上看，无论是以 R_7 还是 R_D 作为货币政策代理变量，所有参数估计值的符号

---

① 我国从 2011 年起对房地产价格的统计口径进行了调整，停止统计房地产销售价格指数，开始实施《住宅销售价格统计调查方案》，全面修改了房地产价格的来源、计算方法等主要因素，使得 2011 年后的数据与历史数据之间不存在可比性。鉴于此，本书采用的商品房价格是利用商品房销售额除以商品房销售面积计算得到的。

均符合理论预期。利率调整表现出显著的平滑特征，特别是 R_D 的调整受前一期水平影响很大。利率对通货膨胀的反应力度相对不足，与张屹山和张代强（2007）、余元全和余元玲（2008）及李成等（2010）得到的结论一致。从理论上看，按照泰勒原则，我国中央银行对通胀的干预系数小于 1 意味着可能无法避免通货膨胀的自我实现。房地产价格缺口对利率的影响相对较小，以 R_7 为代理变量时该参数估计值未能通过显著性检验，而以 R_D 为代理变量时参数估计值在 10% 水平显著为正，结果与谭政勋和王聪（2015）一致。

表 4 – 1 利率规则的单一方程 GMM 估计

变量	对房地产价格缺口反应		对房地产市场定价非效率反应	
	R_7	R_D	R_7	R_D
ρ	0.7957 ***	0.9536 ***	0.7742 ***	0.9381 ***
	(0.0406)	(0.0238)	(0.0360)	(0.0368)
α	0.5709 ***	0.9404 ***	0.5654 ***	1.0556 ***
	(0.0223)	(0.2569)	(0.0191)	(0.2733)
f_π	0.1754 ***	0.7583 **	0.1730 ***	0.5576
	(0.0518)	(0.3769)	(0.0481)	(0.3402)
f_y	0.0739 ***	0.2673 **	0.0804 ***	0.2259 **
	(0.0276)	(0.1054)	(0.0241)	(0.1083)
f_q	0.0066	0.0769 *	0.0045	0.0408
	(0.0072)	(0.0413)	(0.0081)	(0.0316)
J-Statistic	0.1458	0.1940	0.1759	0.1846
N	69	69	69	69

注：表中 *、**、*** 分别表示 10%、5%、1% 水平下统计显著；括号中为参数估计量的异方差自相关稳健的标准误。J-Statistic 一栏汇报了 Sargan-Hansen 检验中的 Hansen's J 统计量的 p 值，其原假设为"工具变量有效"；从表中四个回归式的估计结果来看，均不能拒绝原假设。N 表示参数估计使用的观测点个数。

资料来源：作者根据实证结果整理。

表 4 - 1 的后两列汇报了将房地产资产定价非效率因素引入利率规则方程时的参数估计结果。同样地,参数估计值符号与理论预期一致,中央银行采取逆风向干预。各参数估计值的大小和统计显著性较前两列有些微变化。需要注意的是, f_q 的估计值较小且未能通过显著性检验。因此,从 GMM 估计结果来看,无法得到房地产资产定价效率影响我国中央银行货币政策利率的稳健证据。

表 4 - 2 汇报了我国中央银行货币供应量调控规则的单一方程 GMM 估计结果,在估计货币供应量对房地产价格缺口和房地产定价效率的影响时,均分别以广义货币供应量(M2)和狭义货币供应量(M1)作为央行货币政策调控工具的代理变量。

从左侧两列的参数估计结果可以看出,货币供应量调整的平滑系数显著小于利率规则的平衡系数;货币供应量对通货膨胀率和产出缺口的反应系数均小于零。房地产价格缺口对货币供应量的影响为正,在两个回归式中分别通过了 10% 和 1% 水平的显著性检验。结果一定程度上反映了房地产价格高涨时随之增加的房地产信贷规模,以及相应的货币供应量的调整,因此看不出中央银行对房地产价格波动进行的逆风向调整。

将房地产资产定价效率引入货币政策规则方程时(表 4 - 2 右侧两列),参数估计值大小和显著性较左侧两列存在一些差异,其中最关键的是货币供应量对房地产资产定价效率的反应系数小于零。这意味着,若房地产价格缺口大于由其内在价值决定的大小,即房地产价格出现"非理性"上涨时,中央银行会减少货币供应量;反之,则增加货币供应量。这一结果与前文中最优货币供应量规则要求一致,但在统计上并不显著。

表 4 - 2　　　　　货币供应量规则的单一方程 GMM 估计

参数名称	对房地产价格缺口反应		对房地产市场定价非效率反应	
	M2	M1	M2	M1
κ	0.3089***	0.5157***	0.3088***	0.5439***
	(0.0632)	(0.0447)	(0.0812)	(0.0566)

续表

参数名称	对房地产价格缺口反应		对房地产市场定价非效率反应	
	M2	*M1*	*M2*	*M1*
β	3.9077 ***	3.8861 ***	3.9557 ***	3.8188 ***
	(0.1770)	(0.3060)	(0.1377)	(0.3302)
f_π	− 0.2827 ***	− 0.6614 ***	− 0.2637 ***	− 0.6026 **
	(0.0988)	(0.2161)	(0.0931)	(0.2742)
f_y	− 0.2686 **	− 0.4255	− 0.2600 **	− 0.3039
	(0.1125)	(0.3168)	(0.1075)	(0.2886)
f_q	0.0446 *	0.2193 ***	− 0.0045	− 0.0065
	(0.0265)	(0.0770)	(0.0243)	(0.0755)
J-Statistic	0.1605	0.1835	0.1566	0.1976
N	69	69	69	69

注：表中 * 、** 、*** 分别表示 10%、5%、1% 水平下统计显著；括号中为参数估计量的异方差自相关稳健的标准误。J-Statistic 一栏汇报了 Sargan-Hansen 检验中的 Hansen's J 统计量的 p 值，其原假设为"工具变量有效"；从表中四个回归式的估计结果来看，均不能拒绝原假设。N 表示参数估计使用的观测点个数。

资料来源：作者根据实证结果整理。

（2）联立方程系统 FIML-VAR 估计结果。表 4 – 3 和表 4 – 4 汇报了由货币政策规则方程与内生非货币政策变量的向量自回归系统构成的联立方程系统的全信息参数估计结果，分别与表 4 – 1 和表 4 – 2 列示的参数估计结果形成对照。

若将房地产价格缺口纳入利率规则方程（表 4 – 3 左侧两列），各参数估计值均通过 1% 水平的显著性检验，且货币政策利率对通货膨胀、产出缺口及房地产价格缺口的反应系数均为正，体现了逆风向调整的特征。与表 4 – 1 中单一方程 GMM 估计结果相比，无论以 R_7 还是 R_D 作为货币政策利率代理变量，中央银行对房地产价格缺口反应系数的统计显著性都大大提高，意味着由 FIML-VAR 得到的中央银行利用货币政策干预房地产市场的证据更加稳健。

表4-3 的后两列汇报了将房地产资产定价效率引入利率规则方程时的 FIML-VAR 估计结果。当以 R_7 作为货币政策利率代理变量时，所有参数均在 1% 水平统计显著；与表4-1 相比，房地产资产定价效率对货币政策利率的影响更加显著。但是当以 R_D 作为货币政策代理变量时，仍然无法得到房地产资产定价效率显著影响货币政策利率的稳健结论。

表4-3   **利率规则的 FIML-VAR 估计**

参数名称	对房地产价格缺口反应		对房地产市场定价非效率反应	
	R_7	R_D	R_7	R_D
ρ	0.8884 ***	0.8988 ***	0.8146 ***	0.8958 ***
	(0.0034)	(0.0079)	(0.0023)	(0.0089)
α	0.1307 ***	1.0448 ***	0.3447 ***	1.0254 ***
	(0.0213)	(0.0240)	(0.0018)	(0.0290)
f_π	0.8775 ***	0.5985 ***	0.5257 ***	0.6059 ***
	(0.0372)	(0.0413)	(0.0033)	(0.0485)
f_y	0.0408 ***	0.2515 ***	0.0407 ***	0.2553 ***
	(0.0100)	(0.0164)	(0.0031)	(0.0676)
f_q	0.1535 ***	0.0312 ***	0.0107 ***	0.0014
	(0.0117)	(0.0084)	(0.0037)	(0.0578)
R^2	0.9995	0.9972	0.9999	0.9960
N	65	65	65	65

注：表中 * 、 ** 、 *** 分别表示 10% 、5% 、1% 水平下统计显著；括号中为参数估计量的异方差自相关稳健的标准误。VAR 系统的滞后为 2 阶，由 AIC 准则揭示。R^2 为拟合优度。N 表示参数估计使用的观测点个数。

资料来源：作者根据实证结果整理。

表4-4 中，若将房地产价格缺口引入货币供应量规则方程（左侧两列），货币供应量对通货膨胀、产出缺口及房地产价格缺口的反应系数均小于零，与表4-1 中的结果有所不同。

表4-4 的后两列汇报了将房地产资产定价效率引入货币供应量规则方程

时的 FIML-VAR 估计结果。当以 M2 作为货币供应量的代理变量时，各参数估计值均通过了 1% 水平的显著性检验，货币供应量对通货膨胀、产出缺口及房地产资产定价效率的反应系数均小于零，符合最优货币供应量规则的要求。但以 M1 作为货币供应量代理变量时，各参数的显著性出现较大幅度的下降。

表 4 - 4 货币供应量规则的 FIML-VAR 估计

参数名称	对房地产价格缺口反应		对房地产资产定价非效率反应	
	M2	M1	M2	M1
κ	0. 3138 ***	0. 0582	0. 4404 ***	0. 0724
	(0. 0655)	(0. 0845)	(0. 0712)	(0. 0635)
β	4. 5210 ***	4. 0008 ***	4. 5112 ***	4. 1203 ***
	(0. 0771)	(0. 1658)	(0. 0597)	(0. 1548)
f_π	- 1. 1995 ***	- 0. 8910 ***	- 1. 2109 ***	- 1. 0086 ***
	(0. 1579)	(0. 3238)	(0. 1165)	(0. 3119)
f_y	- 0. 6524 ***	- 0. 0201	- 0. 8096 ***	- 0. 0769
	(0. 0781)	(0. 1192)	(0. 0504)	(0. 0988)
f_q	- 0. 0757 *	- 0. 1850 ***	- 0. 4779 ***	0. 1399
	(0. 0440)	(0. 0598)	(0. 1527)	(0. 0871)
R^2	0. 8064	0. 2664	0. 8415	0. 2191
N	65	65	65	65

注：表中 * 、** 、*** 分别表示 10% 、5% 、1% 水平下统计显著；括号中为参数估计量的异方差自相关稳健的标准误。VAR 系统的滞后为 3 阶，由 AIC 准则揭示。R^2 为拟合优度。N 表示参数估计使用的观测点个数。

资料来源：作者根据实证结果整理。

4.1.3 结果讨论

上述参数估计结果初步揭示了我国中央银行货币政策调控中对房地产价格缺口和房地产资产定价非效率因素的反应特征。从单一方程 GMM 估计结果来看，房地产市场的价格波动会影响我国中央银行的利率和货币供应量调整，但是没有显著的证据表明中央银行针对房地产价格缺口中的定价非效率因素进行了货币政策调控。而从联立方程系统的 FIML-VAR 估计结果来看，房地产资产定价效率对货币政策利率和货币供应量均产生了影响，但这一结论并不十分稳健。

由此可见，由 GMM 估计与 FIML-VAR 估计方法得到的结论并不一致。出现这一结果其实并不意外，在货币政策相关的实证研究中，由 GMM 得到的估计值与由其他估计方法得到的估计值之间存在一定偏差是比较常见的（乔迪奥等/Jondeau et al.，2004①）。尽管 GMM 估计方法在宏观计量研究中具有比较良好的性质，但是其在小样本估计时的表现却不稳定，通常可能是有偏差的（富雷尔等/Fuhrer et al.，1995）。菲诺基亚罗和海德肯（Finocchiaro and Heideken，2013）曾利用模拟数据检验发现，小样本 GMM 估计值可能会出现下偏，且其分布会更发散。另外，如前所示 GMM 估计受工具变量选择的影响也相对较大。当然，尽管 FIML-VAR 估计方法其在一定程度上避免了工具变量的影响，也绝不是完美的。FIML-VAR 最为突出的问题同样在于样本容量对估计结果的影响。由于"先验"估计的 VAR 系统对自由度的消耗较大，当样本容量较小时 FIML-VAR 估计值也会出现下偏的可能性。

由上述估计结果无法得出一致、稳健的结论，但是提出一个重要的启示：在现有的文献资料中，大量实证研究凭借某种特定的参数估计方法得到的研究结论很可能是不可靠的，即使是那些普遍使用的、具有较好性质的参数估计方法（例如 GMM）也可能得到似是而非的结论。

4.2 新凯恩斯动态随机一般均衡模型的构建

上一节的参数估计结果显示，利用 GMM 方法和 FIML-VAR 方法无法得到我国中央银行是否针对房地产市场定价非效率因素进行了货币政策干预的一致、稳健的结论，GMM 方法和 FIML-VAR 方法在进行小样本估计时均存在一些缺陷。下文将利用结构宏观计量模型来进一步探讨这一问题。本节构建了一个多部门新凯恩斯动态随机一般均衡（NK-DSGE）模型，来刻画房地产价

---

① 乔迪奥、比昂和加勒（Jondeau，Bihan and Galles）发现，在估计泰勒规则时 GMM 估计和 ML 估计得到的参数估计结果存在显著差异。

格波动影响家户和厂商投资、消费决策的机制，构建房地产价格与其他宏观经济变量间的理论联系，进而利用这些变量间的内在结构性约束关系来识别房地产资产定价效率对我国中央银行货币政策的影响。利用 NK-DSGE 模型进行贝叶斯估计的另一优势是便于同时估计我国中央银行的利率调控规则和货币供应量调控规则，以及借助贝叶斯后验胜率进行模型比较。

4.2.1 NK-DSGE 模型的基本框架

动态随机一般均衡模型以微观主体为基础，采用动态最优化的方法确定不同环境下经济主体的行为决策，在一般均衡理论的指导下，对宏观经济的长期稳态进行描述。本章所构建的 NK-DSGE 模型主要参考和借鉴了雅可维洛（Iacoviello，2005）、雅可维洛和内里（Iacoviello and Neri，2010）、徐妍等（2015）。考虑到我国中央银行的常规货币政策调控工具既包括基准利率调整，也包括货币供应量调整，且后者在利率尚未完全市场化的现阶段发挥着举足轻重的作用，本章对经典模型进行了适当改进，并引入扩展的麦科勒姆规则来刻画中央银行的货币供应量调控行为，从而能够综合考量基准利率和货币供应量对关键宏观经济变量的影响，进而同时识别我国利率调控规则和货币供应量调控规则对房地产市场定价效率的干预系数。

模型最大的特点是合理引入房地产资产，既考虑了房地产的消费和投资品属性，刻画了其在经济主体的跨期效用函数和生产函数中的贡献，又考虑了房地产的抵押品属性，描绘了其价格波动对于经济主体资产负债表状况的关键影响。此外，房地产价格分别以缺口和定价非效率成分两种形式进入中央银行货币政策规则，从而形成了房价、货币政策工具及其他宏观经济变量之间完整的内生性正反馈关系。

模型涉及五个经济部门，分别是企业家、耐心型家户，无耐心型家户、零售商以及中央银行，部门间的主要经济关系如下：企业家利用一般资本、房地产资本以及家户提供的劳动来生产同质的中间产品，在完全竞争的中间品市场上批发给零售商，并向零售商购买最终产品以供消费，实现跨期效用最大化；企业家通过向金融市场借贷来弥补各期购买生产要素产生的资金缺口，并向资金供给方支付资金成本。家户部门（包括耐心型家户和无耐心型家户）通过向企业家出售劳动获得报酬，购买最终消费品和房地产商品，最大化跨期效用;同时,家户部门作为金融市场的参与主体,在家户之间以及家户与企业家部门之间进行资金借贷活动。零售商部门从企业家部门购买中间产品,分类包装成可供消费的最终产品,出售给企业家和家户,并将销售利润一次性支付给耐心型家户。中央银行根据市场上一般物价水平、实际产出缺口以及房地产价格波动(价格缺口或定价非效率因素)进行货币政策调控,并作为流通货币的最终供给方。NK-DSGE 模型的基本分析框架图如图4-1 所示。

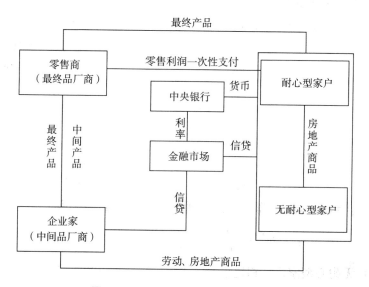

图 4 – 1 NK-DSGE 模型的基本框架

资料来源:作者根据模型传导机制绘制。

4.2.2 NK-DSGE 模型的具体架构

(1)耐心型家户。耐心型家户提供劳动力获得工资收入,从最终品的消费、闲暇、拥有的房地产和实际货币余额中获得效用,其毕生效用的目标函数为:

$$E_0 \sum_{t=0}^{\infty} \beta^t \left(\ln c_t' + j_t' \ln h_t' - (L_t')^{\eta}/\eta + \chi \ln(M_t'/P_t) \right) \tag{4-5}$$

其中,E_0 为期望算子,$\beta \in (0,1)$ 为效用折现系数,c_t'、h_t'、L_t' 和 M_t'/P_t 分别表示耐心型家户在 t 期的最终产品消费、持有的房地产、付出的劳动,以及持有的实际货币余额，χ 和 η 分别是货币权重和劳动负效用参数。注意，j'_t 是耐心型家户的房地产效用权重，刻画了房地产对于耐心型家户效用的边际贡献，直接影响耐心型家户的房地产需求。因此，来自 j'_t 的冲击可以作为房地产价需求和价格冲击的替代变量。

定义 $q_t \equiv Q_t/P_t$ 为实际房地产价格，$w_t \equiv W_t/P_t$ 为实际工资，$b'_t \equiv B'_t/P_t$ 为耐心型家户实际借款余额（$-b'_t$ 表示贷出余额），R_t 为 $t-1$ 到 t 期的名义利率，Δ 为一阶差分算子，那么耐心型家户的资金流约束可以表示为：

$$c'_t + q_t\Delta h'_t + R_{t-1}b'_{t-1}/\pi_t = b'_t + w'_tL'_t + F_t - \Delta M'_t/P_t \qquad (4-6)$$

其中，$\pi_t \equiv P_t/P_{t-1}$ 表示通货膨胀水平，F_t 是来自零售商利润的一次性支付。在上述约束下求解耐心型家户的效用最大化问题可得到消费的欧拉方程、劳动供给、房地产需求以及实际货币需求如下：

$$\frac{1}{c'_t} = \beta E_t \left| \frac{R_t}{\pi_{t+1}c'_{t+1}} \right| \qquad (4-7)$$

$$\frac{w'_t}{c'_t} = (L'_t)^{\eta'-1} \qquad (4-8)$$

$$\frac{q_t}{c'_t} = \frac{j}{h'_t} + \beta E_t \left| \frac{q_{t+1}}{c'_{t+1}} \right| \qquad (4-9)$$

$$m'_t \equiv \frac{M'_t}{P_t} = \chi / \left| \frac{1}{c'_t} - \frac{\beta}{\pi_{t+1}c'_{t+1}} \right| \qquad (4-10)$$

（2）无耐心型家户。相比于耐心型家户，无耐心家户对未来效用的折现力度更大，即 $\beta'' < \beta_t$。同样的，这类家户主体选择最终产品消费 c''_t、持有房地产 h''_t、劳动 L''_t，以及实际货币余额 $m''_t \equiv M''_t/P_t$，最大化以下效用目标：

$$E_0 \sum_{t=0}^{\infty} (\beta'')^t (\ln c''_t + j''_t \ln h''_t - (L''_t)^\eta/\eta + \chi\ln(M''_t/P_t)) \qquad (4-11)$$

由于无耐心型家户和耐心型家户面临的房地产需求或价格冲击可能是一致的，例如来自房产税的冲击对两类家户并无差异，这里不妨假设无耐心型家户和耐心型家户的房地产权重相同，$j'_t = j''_t$，并不影响模型的主要结果。根据清泷和摩尔（Kiyotaki and Moore, 1997）和雅可维洛（2005），对无耐心型家户的借贷能力施加约束：假设当无耐心型家户拒绝偿还借款时，贷款人可以一定交易成本 $(1-m^h)E_t(q_{t+1}h_t)$ 获得借款人用作抵押的房地产资产，因此，无耐心型家户可获得的最大贷款量不超过 $m^h E_t(Q_{t+1}h_t/R_t)$ 。由上，无耐心型家户面对的资金流约束和借贷约束分别为：

$$c''_t + q_t\Delta h''_t + R_{t-1}b''_{t-1}/\pi_t = b''_t + w''_t L''_t - \Delta M''_t/P_t \qquad (4-12)$$

$$b''_t \leqslant m^h E_t(q_{t+1}h''_t\pi_{t+1}/R_t) \qquad (4-13)$$

其中， m^h 为贷款抵押价值比，定义 λ''_t 为 t 期借贷约束的影子价格，即借贷 R_t 资金可增加的毕生效用，那么无耐心型家户关于消费、劳动、房地产和实际货币余额的一阶条件表示如下：

$$\frac{1}{c''_t} = \beta'' E_t\left|\frac{R_t}{\pi_{t+1}c''_{t+1}}\right| + \lambda''_t R_t \qquad (4-14)$$

$$\frac{w''_t}{c''_t} = (L''_t)^{\eta-1} \qquad (4-15)$$

$$\frac{q_t}{c''_t} = \frac{j''_t}{h''_t} + E_t\left|\frac{\beta''q_{t+1}}{c''_{t+1}} + \lambda''_t m^h q_{t+1}\pi_{t+1}\right| \qquad (4-16)$$

$$m''_t \equiv \frac{M''_t}{P_t} = \chi/\left|\frac{1}{c''_t} - \frac{\beta''}{\pi_{t+1}c''_{t+1}}\right| \qquad (4-17)$$

从耐心型家户消费的欧拉方程我们能够得到，在稳态时满足 $R = 1/\beta$ 。进一步，由无耐心家户消费的欧拉方程在稳态的表达式可得到 $\lambda''_t = (\beta - \beta'')/c$ 。根据假设 $\beta''_t < \beta_t$ 易知 $\lambda'' > 0$ ，因此由库恩塔克条件可知，借贷约束须满足等式条件，即在稳态附近无耐心家户的借贷约束总是紧的：

$$b''_t = m^h E_t(q_{t+1}h''_t\pi_{t+1}/R_t) \qquad (4-18)$$

（3）企业家。假设企业家的生产技术服从规模报酬不变的科布道格拉斯函数，其生产要素包括一般资本 K 、房地产资本 h ，以及来自家户提供的劳动 L' 、 L'' 。企业家生产的中间产品以价格 P^w 出售给零售商。由于最终产品平均价格为 P ，我们定义 $X \equiv P/P^w$ 为价格加成比（markup ratio）。企业家的目标函数表述如下：

$$E_0\sum_{t=0}^{\infty}\gamma^t \ln c_t \qquad (4-19)$$

企业家面临的约束包括：

$$Y_t = A_t K_{t-1}^\mu h_{t-1}^v L_t'^{\alpha(1-\mu-v)} L_t''^{(1-\alpha)(1-\mu-v)} \qquad (4-20)$$

$$\frac{Y_t}{X_t} + b_t = c_t + q_t(h_t - h_{t-1}) + \frac{R_{t-1}}{\pi_t}b_{t-1} + w'_t L'_t + w''_t L''_t + I_t + \xi_{k,t} \qquad (4-21)$$

$$b_t \leqslant m^e q_{t+1} h_t \pi_{t+1} / R_t \qquad (4-22)$$

$$I_t = K_t - (1-\delta) K_{t-1} \qquad (4-23)$$

其中，所有变量均为实际值，γ 为企业家效用的折现系数，满足 $\gamma < \beta$，m^e 为企业家房地产的变现能力，其定义类似于无耐心家户，I 为投资，资本调整成本 $\xi_{k,t}$ 的表达式如下：

$$\xi_{k,t} = \frac{\psi}{2\delta} \left| \frac{I_t}{K_{t-1}} - \delta \right|^2 K_{t-1} \qquad (4-24)$$

类似地，由于 $\gamma < \beta$，在稳态附近企业家面临的借贷约束也是紧的。定义 λ_t 为企业家借贷约束的影子价格，企业家关于消费、资本需求、房地产需求、劳动力需求的一阶条件为：

$$\frac{1}{c_t} = \gamma E_t \left| \frac{R_t}{\pi_{t+1} c_{t+1}} \right| + \lambda_t R_t \qquad (4-25)$$

$$\frac{q_t}{c_t} = E_t \frac{\gamma}{c_{t+1}} \left| v \frac{Y_{t+1}}{X_{t+1} K_t} + q_{t+1} \right| + \lambda_t m^e \pi_{t+1} q_{t+1} \qquad (4-26)$$

$$\frac{1}{c_t} 1 + \frac{\psi}{\delta} \frac{I_t}{K_{t-1}} - \delta = E_t \frac{\gamma}{c_{t+1}} \left| \frac{\mu Y_{t+1}}{X_{t+1} K_t} + 1 - \delta \right| + \frac{\psi}{\delta} \frac{I_{t+1}}{K_t} \delta \frac{1}{2} \frac{I_{t+1}}{K_t} + \delta + 1 - \delta$$

$$(4-27)$$

$$w'_t = \frac{\alpha(1-\mu-v)}{L'_t} \frac{Y_t}{X_t} \qquad (4-28)$$

$$w''_t = \frac{(1-\alpha)(1-\mu-v)}{L''_t} \frac{Y_t}{X_t} \qquad (4-29)$$

（4）零售商。零售商部门的安排借鉴伯南克等（Bernanke et al.，1999），引入了名义价格黏性。假设零售商构成测度为 1 的连续统，分别以 z 来标记。零售商以价格 P^w 从完全竞争的市场买入中间产品，并以零成本"加工"（分装）为最终产品 $Y_t(z)$，以价格 $P_t(z)$ 在垄断竞争的最终产品市场上出售。最终产品以 CES 函数形式加总，因此最终产出指数 Y_t^f、平均价格指数 P_t 和各零售商面临的需求函数分别为：

$$Y_t^f = \left| \int_0^1 Y_t(z)^{\varepsilon-1/\varepsilon} dz \right|^{\varepsilon/\varepsilon-1} \qquad (4-30)$$

$$P_t = \left| \int_0^1 P_t(z)^{1-\varepsilon} dz \right|^{1/1-\varepsilon} \qquad (4-31)$$

$$Y_t(z) = \left[P_t(z) / P_t \right]^{-\varepsilon} Y_t^f \qquad (4-32)$$

给定上述需求函数，各零售商可自主选择零售价格 $P_t(z)$。假设每个零售商在时期 t 内仅能以概率 $1-\theta$ 制定新的价格。定义 $P_t^*(z)$ 为零售商 z 期设定的新价格，那么最优的 $P_t^*(z)$ 需满足：

$$\sum_{i=0}^{\infty} \theta^i E_t \, \Lambda_{t,i} \frac{P_t^*(z)}{P_{t+i}} - \frac{X}{X_{t+i}} Y_{t+i}^*(z) = 0 \qquad (4-33)$$

其中，$\Lambda_{t,i} = \beta(c'_t / c'_{t+i})$，$X = \varepsilon/(\varepsilon-1)$ 是稳态时的价格加成比。由于 θ 比例的零售商没有改变价格，t 期总的价格水平为：

$$P_t = \theta P_{t-1}^{\varepsilon} + (1-\theta)(P_t^*)^{1-\varepsilon^{1/(1-\varepsilon)}} \qquad (4-34)$$

如前所述，零售商利润 $F_t = (1-1/X_t)Y_t$ 在期末一次性支付给耐心型家户。

（5）中央银行。假定中央银行按照纳入房地产价格考虑的泰勒规则扩展形式和麦科勒姆规则拓展形式进行货币政策调整。考虑到基准利率和货币供应量在我国中央银行货币政策实践中发挥了同等重要的角色，本书同时引入了利率调整规则和货币供应量调整规则，以便正确识别房地产价格缺口和房地产资产定价效率对我国中央银行货币政策的影响。

这里分别考察两种纳入房地产价格因素的方式：一是文献中通常采用的做法，即将房地产价格缺口纳入泰勒规则和麦科勒姆规则；二是由本书提出的将房地产市场定价非效率因素纳入泰勒规则和麦科勒姆规则，具体形式由第 3 章推导得到的最优利率规则和最优货币供应量规则方程给出。两种引入方法的非线性形式分别表述如下：

①货币政策针对房地产价格缺口调控：

$$R_t^{of} / \overline{R^{of}} = (R_{t-1}^{of} / \overline{R^{of}})^{r_R} (\pi_t/\bar{\pi})^{1+r_\pi} (Y_t/\bar{Y})^{r_Y} (q_t/\bar{q})^{r_q \, 1-r_R} e_{R,t} \quad (4-35)$$

$$m_t/\bar{m} = (m_{t-1}/\bar{m})^{\lambda_m} (\pi_t/\bar{\pi})^{-\lambda_\pi} (Y_t/\bar{Y})^{-\lambda_Y} (q_t/\bar{q})^{-\lambda_q \, 1-\lambda_m} e_{m,t} \quad (4-36)$$

②货币政策针对房地产定价非效率因素调控：

$$R_t^{of} / \overline{R^{of}} = (R_{t-1}^{of} / \overline{R^{of}})^{r_R} (\pi_t/\bar{\pi})^{1+r_\pi} (Y_t/\bar{Y})^{r_Y} (q_{t-1}/q_{t-2})^{r_q \, 1-r_R} e_{R,t}$$

$$(4-37)$$

$$m_t/\bar{m} = (m_{t-1}/\bar{m})^{\lambda_m} (\pi_t/\bar{\pi})^{-\lambda_\pi} (Y_t/\bar{Y})^{-\lambda_Y} (q_{t-1}/q_{t-2})^{-\lambda_q \, 1-\lambda_m} e_{m,t}$$

$$(4-38)$$

其中，$e_{R,t}$ 和 $e_{m,t}$ 分别为货币政策的利率冲击和货币供应量冲击。

式（4-37）和式（4-38）为文献中的一般处理方法，将两式进行对数线性化处理后即可发现，房地产价格缺口是引起基准利率和货币供应量调整的原因之一（下式中 $\hat{q}_t$ 表示房地产价格缺口）：

$$\widehat{R^{of}}_t = r_R\,\widehat{R^{of}}_{t-1} + (1 - r_R)(r_\pi\,\hat{\pi}_t + r_Y\,\hat{Y}_t + r_q\,\hat{q}_t) + \widehat{e_{R,t}} \qquad (4-39)$$

$$\hat{m}_t = \lambda_m\,\hat{m}_{t-1} + (1 - \lambda_m)(-\lambda_\pi\,\hat{\pi}_t - \lambda_Y\,\hat{Y}_t - \lambda_q\,\hat{q}_t) + \widehat{e_{m,t}} \qquad (4-40)$$

式（4-37）和式（4-38）是由第3章推导的最优利率规则和最优货币供应量规则的变体，其对数线性化处理后的形式如下：

$$\widehat{R^{of}}_t = r_R\,\widehat{R^{of}}_{t-1} + (1 - r_R)r_\pi\,\hat{\pi}_t + r_Y\,\hat{Y}_t + r_q(\hat{q}_{t-1} - \hat{q}_{t-2}) + \widehat{e_{R,t}}$$

$$(4-41)$$

$$\hat{m}_t = \lambda_m\,\hat{m}_{t-1} + (1 - \lambda_m) - \lambda_\pi\,\hat{\pi}_t - \lambda_Y\,\hat{Y}_t - \lambda_q(\hat{q}_{t-1} - \hat{q}_{t-2}) + \widehat{e_{m,t}}$$

$$(4-42)$$

由第3章可知，$q_t^{inefficient} \equiv q_t - q_t^* = \omega_1\Delta q_{t-1} + \mu_t$ [1]，即房地产价格缺口中的定价非效率因素为上期房地产价格缺口的一阶差分和随机扰动项之和。由于随机项 μ_t 是均值为零的高斯扰动，不妨将其略去（或者可以视为将其影响纳入随机冲击 $e_{R,t}$ 和 $e_{m,t}$ 中）。因此，房地产价格缺口中的定价非效率因素可以近似表示为 $\omega_1(q_{t-1} - q_{t-2})$ [2]，式（4-41）和式（4-42）则表示中央银行的基准利率和货币供应量均针对房地产价格缺口中的定价非效率因素进行调整，而不是针对房地产价格缺口本身进行干预。不难看出，式（4-41）和式（4-42）与本章第一节中待估方程式（4-3）和式（4-4）具有同样的形式。

最后，假定中央银行制定的基准利率和货币供应量共同决定信贷市场利率：

$$R_t - 1 = (R_t^{of} - 1)\exp(\zeta(Y_t/Y_{t-1} - m_t/m_{t-1})) \qquad (4-43)$$

式（4-43）意味着信贷市场利率与货币政策基准利率正相关，与货币供应量增速负相关；当货币供应量增速超过实际产出增速时，受通货膨胀的影响，信贷市场利率低于基准利率。

---

[1] 注意此处的变量已经表示缺口，但为了与第3章中的表述一致，没有在变量上方标记^。若按照本章的符号定义方式，此公式应当表示为：$\hat{q}^{inefficient} = \hat{q}_t - \hat{q}_t^* = \omega\,(\hat{q}_{t-1} - \hat{q}_{t-2}) + \mu_t$。

[2] 同样，这里的 q_{t-1} 和 q_{t-2} 均表示缺口值，若按照本章的符号定义方式应当记为 $\hat{q}_{t-1}$ 和 $\hat{q}_{t-2}$。

4.2.3 NK-DSGE 模型的均衡条件

根据本书的设定，无论是货币政策基准利率还是货币供应量均通过信贷市场利率发挥调控作用，而式（4－10）和式（4－17）是标准的货币需求方程，由瓦尔拉斯一般均衡原理可知，当其他市场出清时，货币市场也必然出清。而从效用函数的结构上来看，加性可分的假设使得货币需求数量不会对其他变量产生直接影响。综合以上两点考虑，本书和雅可维洛（2005）的研究一样，忽略耐心型家户和无耐心型家户部门的货币需求决策问题。因此，均衡条件下的市场出清条件包括：最终产品市场出清（ $Y_t = c_t + c'_t + c''_t + I_t$ ），房地产市场出清（ $H = h_t + h'_t + h''_t$ ），借贷市场出清（ $b_t + b'_t + b''_t = 0$ ）以及货币市场出清（ $m_t = m'_t + m''_t$ ，忽略）。满足上述市场出清条件和各市场主体的决策规则及约束，即可得到模型的均衡解。

在此基础上，我们引入五种结构冲击：技术冲击、房地产偏好冲击、通货膨胀冲击、利率冲击和货币供应量冲击，前三种冲击均服从一阶自回归形式。利用上述条件，我们对模型进行对数线性化后得到以下差分方程系统（^表示对平衡增长路径的偏离比例）。

（1）总需求方程：

$$\hat{Y} = \frac{c}{Y}\hat{c}_t + \frac{c'}{Y}\widehat{c'}_t + \frac{c''}{Y}\widehat{c''}_t + \frac{I}{Y}\hat{I}_t \tag{4-44}$$

$$\widehat{c'}_t = \widehat{c'}_{t+1} - \hat{R}_t + \hat{\pi}_{t+1} \tag{4-45}$$

$$\hat{c} = \hat{c}_{t+1} - \zeta(\hat{y}_{t+1} - \hat{X}_{t+1} - \hat{K}_t) + \psi[\hat{I}_t - \hat{k}_{t-1} - \gamma(\hat{I}_{t+1} - \hat{K}_t)] \tag{4-46}$$

$$\beta\widehat{c''}_t = \beta''\widehat{c''}_{t+1} - (\beta - \beta'')\hat{\lambda}''_t - \beta\hat{R}_t + \beta''\hat{\pi}_{t+1} \tag{4-47}$$

$$\beta\hat{c}_t = \gamma\hat{c}_{t+1} - (\beta - \gamma)\hat{\lambda}_t - \beta\hat{R}_t + \gamma\hat{\pi}_{t+1} \tag{4-48}$$

（2）房地产市场方程：

$$\hat{q}_t = \gamma^e\hat{q}_{t+1} + (1 - \gamma^e)(\hat{Y}_{t+1} - \hat{X}_{t+1} - \hat{h}_t) - m^e(\beta - \gamma)(\hat{\lambda}_t + \hat{\pi}_{t+1} + \hat{c}_{t+1}) + \hat{c}_t - \hat{c}_{t+1} \tag{4-49}$$

$$q_t = \gamma^h\hat{q}_{t+1} + (1 - \gamma^h)(\hat{j}_t - \hat{h}''_t) + m^h(\beta - \beta'')(\hat{\lambda}''_t + \hat{\pi}_{t+1}) + \hat{c}''_t - \beta''\hat{c}''_{t+1} \tag{4-50}$$

$$\hat{q}_t = \beta\hat{q}_{t+1} + (1 - \beta)(\hat{j}_t - \hat{h}'_t) + \hat{c}'_t - \beta\hat{c}'_{t+1} \tag{4-51}$$

$$0 = h\hat{h}_t + h' \ \widehat{h'}_t + h'' \ \widehat{h''}_t \qquad (4-52)$$

（3）借贷约束方程：

$$\hat{b}_t = \hat{q}_{t+1} + \hat{h}_t - \hat{R}_t + \hat{\pi}_{t+1} \qquad (4-53)$$

$$\widehat{b''}_t = \widehat{h''}_t + \hat{q}_{t+1} - R_t + \hat{\pi}_{t+1} \qquad (4-54)$$

（4）总供给方程：

$$\hat{Y}_t = \hat{A}_t + \mu\hat{K}_{t-1} + \upsilon\hat{h}_{t-1} + \alpha(1 - \mu - \upsilon) \ \widehat{L'}_t + (1 - \alpha)(1 - \mu - \upsilon) \ \widehat{L''}_t$$
$$(4-55)$$

$$\hat{Y}_t = \hat{X}_t + \eta \ \widehat{L'}_t - (\widehat{\lambda''}_t + \hat{R}_t) \qquad (4-56)$$

$$\hat{Y}_t = \hat{X}_t + \eta \ \widehat{L'}_t + \widehat{c'}_t \qquad (4-57)$$

$$\hat{\pi}_t = \beta\hat{\pi}_{t+1} - \kappa\hat{X}_t + \hat{u}_t \qquad (4-58)$$

（5）状态变量和资金约束方程：

$$\hat{K}_t = \delta\hat{I}_t + (1 - \delta)\hat{K}_{t-1} \qquad (4-59)$$

$$\frac{b}{Y}\hat{b}_t = \frac{c}{Y}\hat{c}_t + \frac{qh}{Y}\Delta\hat{h}_t + \frac{I}{Y}\hat{I}_t + \frac{Rb}{Y}(\hat{b}_{t-1} + \hat{R}_{t-1} - \hat{\pi}_t) - (1 - s' - s'')(\hat{Y}_t - \hat{X}_t)$$
$$(4-60)$$

$$\frac{b''}{Y}\hat{b''}_t = \frac{c''}{Y}\hat{c''}_t + \frac{qh''}{Y}\Delta\hat{h''}_t + \frac{Rb''}{Y}(\hat{b''}_{t-1} + \hat{R}_{t-1} - \hat{\pi}_t) - s''(\hat{Y}_t - \hat{X}_t)$$
$$(4-61)$$

（6）货币政策方程：

$$\widehat{R^{of}}_t = r_R \widehat{R^{of}}_{t-1} + (1 - r_R)(r_\pi\hat{\pi}_t + r_Y\hat{Y}_t + r_q\hat{q}_t) + \widehat{e_{R,t}} \qquad (4-62)$$

$$\hat{m}_t = \lambda_m\hat{m}_{t-1} + (1 - \lambda_m)(-\lambda_\pi\hat{\pi}_t - \lambda_Y\hat{Y}_t - \lambda_q\hat{q}_t) + \widehat{e_{m,t}} \qquad (4-63)$$

或：

$$\widehat{R^{of}}_t = r_R \widehat{R^{of}}_{t-1} + (1 - r_R)[r_\pi\hat{\pi}_t + r_Y\hat{Y}_t + r_q(\hat{q}_{t-1} - \hat{q}_{t-2})] + \widehat{e_{R,t}} \qquad (4-64)$$

$$\hat{m}_t = \lambda_m\hat{m}_{t-1} + (1 - \lambda_m)[-\lambda_\pi\hat{\pi}_t - \lambda_Y Y_t - \lambda_q(\hat{q}_{t-1} - \hat{q}_{t-2})] + \widehat{e_{m,t}}$$
$$(4-65)$$

$$\frac{R}{R-1}\hat{R}_t = \frac{R^{of}}{R^{of}-1} \widehat{R^{of}}_t + \zeta[\hat{Y}_t - \hat{Y}_{t-1} - (\hat{m}_t - \hat{m}_{t-1})] \qquad (4-66)$$

（7）结构冲击方程：

$$\hat{A}_t = \rho_A \hat{A}_{t-1} + \widehat{e_{A,t}} \tag{4-67}$$

$$\hat{j}_t = \rho_j \hat{j}_{t-1} + \widehat{e_{j,t}} \tag{4-68}$$

$$\hat{u}_t = \rho_u \hat{u}_{t-1} + \widehat{e_{u,t}} \tag{4-69}$$

其中，中间参数定义如下：

$$\kappa \equiv (1-\theta)(1-\beta\theta)/\theta \tag{4-70}$$

$$\gamma^e \equiv m^e \beta + (1-m^e)\gamma \tag{4-71}$$

$$\gamma^h \equiv \beta'' + m^h(\beta - \beta'') \tag{4-72}$$

$$s' \equiv \alpha(1-\mu-\upsilon) + \varepsilon/(\varepsilon-1) - 1/\varepsilon/(\varepsilon-1) \tag{4-73}$$

$$s'' \equiv (1-\alpha)(1-\mu-\upsilon)/\varepsilon/(\varepsilon-1) \tag{4-74}$$

$$\zeta \equiv 1 - \gamma(1-\delta) \tag{4-75}$$

需要注意的是，式（4-62）和式（4-63）和式（4-64）和式（4-65）分别表示中央银行针对房地产价格缺口进行调控，和针对房地产价格缺口中的非效率因素进行调控的两种模式，任意一组方程与其他对数线性化方程联立均可构成一个完整的差分方程系统。因此，式（4-44）～式（4-69）表示了两组待估的结构方程系统，下文将利用贝叶斯方法分别进行参数估计和模型比较，以识别出我国中央银行究竟是针对房地产价格缺口进行货币政策调控，还是针对缺口中的定价非效率因素进行干预。

4.3　NK-DSGE 模型的贝叶斯估计

4.3.1　贝叶斯估计的基本原理

贝叶斯估计法基于贝叶斯定理来系统地解决统计推断问题（克茨和吴/Kotz and Wu，2000）。贝叶斯推断的基本方法是用贝叶斯定理将未知参数的先验信息与数据信息结合起来，推导出后验信息，再根据此推断未知参数。

先验分布是贝叶斯推断理论的基础，也是重点研究的对象。大致可分为扩散先验分布和共轭先验分布两种。其中，扩散先验分布应当满足不变性、相合的边缘化等性质。先验分布的选择主要采用贝叶斯假设法，即参数的先

验分布 $\pi(\theta)$ 在 θ 的取值范围内是均匀分布的：若将 θ 的取值范围记为 Θ，并略去密度取值为 0 的部分，则参数的先验分布密度函数为 $\pi(\theta) \propto 1$，$\theta \in \Theta$，其中 $\propto$ 表示正比关系。

但是，贝叶斯假设存在矛盾：均匀分布在参数变换时一般并不满足不变性要求，因此，杰佛斯（Jeffreys，1951）提出了基于信息函数的扩散先验分布法。卡斯（Kass，1990）认为杰佛斯（1951）先验分布能近似地保持参数后验分布的形状不变，对单参数情况很有用，对多参数情况却容易出现偏差。在只需考虑部分参数的信息时，有两种基本做法：一是贝尔纳多（Bernardo；1979，1994）、孙和伯杰（Sun and Berger，1998）提出的参照先验分布法（reference prior），二是施泰（Stein，1985）、提比西拉尼（Tibshirani，1989）提出的概率匹配先验分布（probability matching Prior）。达塔和高希（Datta and Ghosh，1996）给出了一阶概率匹配先验分布更为严格和普遍的表示。然后由于可供匹配的先验分布有很多，往往很难抉择出更合适的。扩散先验分布构造的其他途径还包括：Monte-Carlo 方法、相对似然函数（relative likelihood approach）、积累函数法（cumulative distribution function）等方法。

共轭先验分布是另一类应用广泛的先验分布，根据贝叶斯定理，参数后验分布与似然函数、先验分布的乘积成正比，因此似然函数的性质关系到和非正常先验分布一起是否能形成正常的后验分布，也关系到是否可以有效地应用 Gibbs 法进行统计推断。乔治和麦卡洛克（George and McCulloch，1993）、泽尔纳（Zellner，1996）研究了指数分布组的共轭似然先验分布及相关性质。虽然有诸多方法出现，但目前还没有统一的先验分布构造方法。

尽管贝叶斯推断模式简单，并且概率形式优美，然而，在贝叶斯分析中，一般只知道后验分布密度函数的核，而难以获得具体的密度函数，也很难找到累积分布函数的数值分位点，计算边缘后验分布密度函数的困难是阻碍贝叶斯方法发展的根本原因。20 世纪 90 年代有学者提出了 Lindley 数值逼近法、Tierney-Kadane 逼近法等方法解决参数后验分布密度的计算问题。然而，实现这些方法需要复杂的计算和软件支撑。直至马尔科夫链蒙特卡洛方法（Markov chain Monte-Carlo，MCMC）开始推广，它为贝叶斯等复杂的高维积分运算提供了更广阔的前景。即通过合理定义和实施，MCMC 总能得到一条或数条收敛的马尔科夫链，马尔科夫链的极限分布是所需的后验分布。

在贝叶斯分析中应用的最广泛的 MCMC 方法有两种：Gibbs 抽样（sampler）法和 Metroplis-Hastings 法。Gibbs 抽样方法是杰曼（Geman，1984）提出的，最初用于图像处理分析等大型复杂数据的分析，后经盖尔芬德和史密斯（Gelfand and Smith，1990）引入贝叶斯模型，通过模拟进行积分运算，这对贝叶斯方法的应用产生了深刻的影响。一种比 Gibbs 抽样法更常用的方法是 Metropolis-Hasting 法，梅特罗波利斯等（Metropolis et al.，1953）提出了一种转移核的方法，哈斯丁（Hastings，1970）随后对其加以推广，形成 Metropolis-Hasting 法。吉尔克塞特等（Gilks et al.，1995）提出了基于 Gibbs 抽样的调整筛选 Metropolis 抽样方法（adaptive rejection metropolis sampling），这种方法在贝叶斯分析中也很有应用价值。

4.3.2 参数校准与先验分布假设

模型中共涉及 33 个自由参数，其中 6 个参数利用现有的文献资料校准如下：

由于模型以季度为一个决策周期，耐心型家户的效用折现系数校准为 $\beta = 0.99$，对应着稳态时 1% 的季度名义利率和 4% 的年化名义利率，这与我国实际情况基本一致。无耐心型家户的效用折现系数为 β''，参考现有文献，劳伦斯（Lawrance，1991）测算了贫困家户的效用折现系数，若换算成季度比例约在 0.95~0.98 之间，该文中的贫困家户类似于本书中的无耐心型家户，在市场中充当了借款人的角色。卡罗利和桑威克（Carroll and Samwick，1997）利用基于不确定性的资产弹性测算了经济中所有代表性个体的平均效用折现系数，其上下两个标准差大小的置信区间为（0.91，0.99）。桑威克（Samwick，1998）利用不同年龄段人口所持有的财富推测了效用折现系数的分布，发现约 70% 的家户的平均效用折现系数为 0.99，约 25% 的家户的平均效用折现系数为 0.95。雅可维洛（2005）、雅可维洛和内里（Iacoviello and Neri，2010）在假定耐心型家户的效用折现系数为 0.99 时，将无耐心型家户的效用折现系数校准为 0.95。国内学者徐妍等（2015）在研究房地产价格问题时将无耐心型家户的效用折现系数校准为 0.97。这里沿用徐妍等（2015）的研究，将 β'' 校准为 0.97。借鉴雅可维洛（2005）、雅可维洛和内里（2010）、菲诺基亚罗和海德肯（Finocchiaro and Heideken，2013）以及徐妍等

（2015）的研究，将企业家部门的效用折现系数校准为 $\gamma = 0.98$ 。效用折现系数满足前文中假设的 $\gamma < \beta$ 、$\beta'' < \beta$ 。资本折旧速度在已有文献中存在一些差异，许志伟等（2010）选取的折旧比例为 0.05 ，对应年折旧 20% ，许伟和陈斌开（2009）、李成等（2010）设定为 0.025 ，对应年折旧比例为 10% 。这里沿用徐妍等（2015），选取一个相对折衷的折旧速度 $\delta = 0.03$ ，对应的年折旧比例为 12% 。与雅可维洛（2005）一致，稳态时的零售商价格加成比例 $X = 1.05$ ，即将参数 ε 校准为 21 。雅可维洛（2005）将房地产偏好系数 j 校准为 0.1 ，考虑到我国家户持有房地产价值与消费的比重可能更大[①]，本书将这一参数校准为 0.15 。表 4 – 5 列示了上述参数的定义和校准值。

表 4 – 5　　　　　　　　　　NK-DSGE 模型的参数校准

参数定义	参数符号	校准值
耐心型家户效用折现系数	β	0.99
无耐心型家户效用折现系数	β''	0.97
企业家部门效用折现系数	γ	0.98
资本折旧率	δ	0.03
房地产偏好系数	j	0.15
价格加成系数	ε	21

资料来源：作者根据文献整理。

　　表 4 – 5 列示了剩余未知参数的先验分布，先验分布均值的选择参考了已有文献研究成果。由于贝叶斯估计对于待估参数的先验分布假设比较敏感，这里设定了较为宽松的标准差，以获得更大的初始取值范围。

4.3.3　样本选择与数据处理

　　这里贝叶斯估计中使用的变量包括：实际产出、实际投资、通货膨胀率、名义利率和实际货币供应量。样本区间为 1999 年 1 季度到 2016 年 1 季度，采样频率为季度数据。

---

　　① 根据稳态水平，$qh'/c' = j(1 - \beta)$ ，因此参数 j 度量了耐心型家户房地产持有量与消费的相对比例。

数据处理过程如下：（1）利用居民消费价格指数（CPI）的环比月度数据计算环比季度数据，利用 X12 去季节效应然后取自然对数，利用单边 Hodrick-Prescott 滤波方法得到缺口部分作为 $\hat{\pi}$ 的备用数据，并计算以 1998 年 12 月为基期的定基季度通货膨胀率。需要注意的是，现有 DSGE 相关文献中经常出现的双边 HP 滤波去趋势的数据处理方法存在问题，双边 HP 滤波在平滑序列时使用了未来数据，和 DSGE 模型中状态空间系统回溯（backward looking）的基本特征不符，从这个意义上来讲利用单边 HP 滤波去趋势要更合适（施托克和沃特森/Stock and Watson，1999）。（2）利用 X12 方法季度对国内生产总值序列去季节效应，使用定基季度通胀率剔除价格因素，得到实际总产出，取自然对数后利用单边 Hodrick-Prescott 滤波方法得到趋势成分和周期波动成分，后者减去前者得到实际产出 $\hat{y}$。（3）利用 X12 方法对固定资产投资额去除季节效应，利用定基通货膨胀率计算实际投资，取自然对数后利用单边 Hodrick-Prescott 滤波方法剔除掉趋势部分，获得实际投资 $\hat{i}$ 的备用数据。（4）利用 7 天银行间同业拆借月度加权平均利率和月度成交金额计算季度加权平均利率，并按照公式 $R_t^Q = 1 + R_t^Y/400$ 将上述年化利率转化为季度利率，随后取自然对数，利用单边 Hodrick-Prescott 滤波得到无风险利率 $\hat{R}$ 的备用数据。在现有的文献中，西方学者通常使用国债收益率作为基准利率的替代指标（如瑞格本和萨克/Rigobon and Sack，2003；拉文/Ravn，2012、2004），而国内学者多选用 7 天期银行间同业拆借利率，一般认为银行间拆借市场是目前国内市场化程度最高的市场。（5）利用广义货币供给量（M0）[1] 数据计算各季度货币供应量余额，利用定基通货膨胀率计算实际货币余额，随后取自然对数并利用单边 Hodrick-Prescott 滤波方法剔除掉趋势部分，获得实际货币供应量 $\hat{m}$ 的备用数据。

4.3.4 参数估计结果

在上述对数线性化模型、参数校准值以及先验分布的假设基础上，本节运用马尔科夫链蒙特卡罗模拟算法来获得 DSGE 模型参数贝叶斯估计值，执

---

[1] 使用 M0 而不是 M2 出于两点考虑：第一，M0 作为基础货币的度量，受中央银行直接控制；第二，模型中家户持有的货币是除了信贷资金（存款）外的类现金资产，更接近于 M0 口径。

行 Metropolis – Hastings 算法 10 万次来检验收敛性。中央银行针对房地产价格缺口进行干预的模型中，两条马尔科夫链的接受比分别为 26.7925% 和 27.58%；针对房地产定价非效率成分进行干预的模型中，两条马尔科夫链的接受比分别为 28.1396% 和 27.6009%，均满足文献资料中要求的马尔科夫链接受比在 1/4 到三分之一之间的经验法则。两个模型参数贝叶斯估计的后验分布大都具有正态分布形态，贝叶斯估计的众数基本上位于后验似然函数的顶点，利用数值最大化算法得到的后验核与后验分布众数较为接近。总体上看两个 NK-DSGE 模型的估计情况比较理想。

表 4 - 6 汇报了两组模型参数的贝叶斯估计结果和［5%，95%］的置信区间。

表 4 - 6　　　　　NK-DSGE 模型参数的贝叶斯估计结果

	先验分布			针对房地产价格缺口干预			针对房地产定价非效率干预		
	分布	均值	标准差	5%	均值	95%	5%	均值	95%
m_e	beta	0.75	0.100	0.7373	0.8311	0.9210	0.6804	0.7969	0.9176
m_h	beta	0.75	0.100	0.7001	0.7739	0.8468	0.6173	0.7228	0.8365
α	beta	0.64	0.100	0.3490	0.4656	0.5794	0.2835	0.4017	0.5122
ψ	gamma	1.50	0.200	1.0325	1.3012	1.5809	1.1056	1.3819	1.6618
μ	beta	0.40	0.100	0.0798	0.1480	0.2103	0.0772	0.1354	0.1956
υ	beta	0.05	0.025	0.0324	0.0533	0.0746	0.0292	0.0474	0.0651
θ	beta	0.75	0.100	0.7695	0.8167	0.8623	0.7275	0.7873	0.8494
η	Beta	2.00	0.500	1.0068	1.7296	2.5227	0.8739	1.4141	1.9291
r_R	beta	0.80	0.100	0.9590	0.9709	0.9835	0.9633	0.9736	0.9840
r_π	gamma	0.40	0.050	0.3066	0.3805	0.4492	0.3032	0.3815	0.4595
r_y	gamma	0.60	0.100	0.4480	0.5957	0.7535	0.5050	0.6757	0.8229
r_q	gamma	0.20	0.050	0.1363	0.2311	0.3169	0.1226	0.1927	0.2641
λ_m	gamma	0.80	0.100	0.5302	0.6635	0.7982	0.5260	0.6510	0.7802
λ_π	gamma	0.40	0.050	0.3326	0.4192	0.5043	0.3193	0.4059	0.4931
λ_y	gamma	0.60	0.100	0.4052	0.5407	0.6727	0.4135	0.5703	0.7251

续表

	先验分布			针对房地产价格缺口干预			针对房地产定价非效率干预		
	分布	均值	标准差	5%	均值	95%	5%	均值	95%
λ_q	gamma	0.200	0.05	0.1341	0.2109	0.2922	0.1280	0.2146	0.3005
ζ	gamma	0.500	0.10	0.1090	0.1788	0.2420	0.1178	0.1933	0.2637
ρ_a	beta	0.700	0.15	0.8390	0.8966	0.9604	0.7886	0.8554	0.9265
ρ_j	beta	0.700	0.15	0.8931	0.9390	0.9846	0.8783	0.9242	0.9771
ρ_u	beta	0.700	0.15	0.3246	0.5059	0.6941	0.3329	0.5052	0.6835
σ_a	inv gamma	0.001	0.10	0.0072	0.0161	0.0249	0.0115	0.0223	0.0326
σ_j	inv gamma	0.001	0.10	0.0582	0.1370	0.2233	0.0561	0.1633	0.2637
σ_u	inv gamma	0.001	0.10	0.0032	0.0044	0.0055	0.0033	0.0045	0.0056
σ_R	inv gamma	0.001	0.10	0.0009	0.0010	0.0012	0.0009	0.0010	0.0012
σ_m	inv gamma	0.001	0.10	0.0258	0.0302	0.0342	0.0259	0.0299	0.0340

资料来源：作者根据模型估计结果整理。

表4-6的前半部分是假设中央银行针对房地产价格缺口进行货币政策干预时，NK-DSGE模型参数的估计结果。从货币政策利率和货币供应量对各缺口反应系数的大小来看：利率调整对通胀缺口的反应最为激烈（$1+r_\pi=1.3805$），对产出缺口和房地产价格缺口的反应较小（$r_y=0.5957$，$r_q=0.2311$）；货币供应量对产出缺口的调整力度最大（$\lambda_y=0.5407$），对通胀缺口的调控力度次之（$\lambda_\pi=0.4192$），对房地产价格缺口的调控力度最小（$\lambda_q=0.2109$）。因此，相比于对产出缺口和通胀缺口的调控力度，货币政策对房地产价格缺口的调控力度要小得多。另外，利率调整比货币供应量调整更加平滑，前者的一阶平滑系数为0.9709，而后者仅为0.6635，这与我国的货币政策实践基本一致。

表4-6的后半部分汇报了将房地产定价非效率因素引入货币政策规则方程时NK-DSGE模型的参数估计结果。与前一模型相比，参数的贝叶斯估计均值存在一些差异，且大部分参数贝叶斯估计值的后验标准差和置信区间缩小。货币政策利率和货币供应量对产出缺口、通胀缺口及房地产定价非效率成分的干预系数分别为：$r_y=0.6757$，$1+r_\pi=1.3815$，$r_q=0.1927$，$\lambda_y=0.5703$，

$\lambda_\pi = 0.4059$, $\lambda_q = 0.2146$ 。

4.4　模型的比较与评价

4.4.1　两种货币政策干预模型的比较

由于上述两个 NK-DSGE 模型参数的贝叶斯估计结果比较接近，且参数符号都与理论预期相符，故而不能够简单地看出哪一个模型"正确"刻画了我国中央银行的货币政策规则。为了进一步验证我国中央银行是否针对房地产资产定价效率进行了货币政策干预，需要对两个模型对现实数据的拟合优度进行比较。

表 4-7 的第二列汇报了两个 NK-DSGE 模型的贝叶斯估计中得到的对数边际密度（logged marginal density）：将房地产价格缺口纳入货币政策规则方程中进行估计时（模型 1），贝叶斯估计的对数边际密度为 1025.336058，而将房地产定价非效率因素纳入货币政策规则方程进行估计时（模型 2），对数边际密度为 1031.002373。显然，后者比前者大 5.6663，意味着从数据拟合的角度来看，将房地产定价非效率因素纳入货币政策规则的 NK-DSGE 模型（模型 2）对现实经济数据的拟合程度更好。

根据库普等（Koop et al.，2007），可以利用对数边际密度和预设的先验胜率（prior odds ratio）来计算两个模型的后验胜率（posterior odds ratios），以此判断哪个模型占优。简单而言，后验胜率反映了在相同样本信息条件下，给定观测者先验信念时原模型和备择模型哪个更可能胜出。后验胜率的计算公式如下：

$Pst.pA = \exp(\log(pA) + mdA)/(\exp(\log(pA) + mdA) + \exp(\log(pB) + mdB))$ 　　　　　　　　　　　　　　　　　　　　　　　　　　　（4-76）

$Pst.pB = \exp(\log(pB) + mdB)/(\exp(\log(pA) + mdA) + \exp(\log(pB) + mdB))$ 　　　　　　　　　　　　　　　　　　　　　　　　　　　（4-77）

其中，$Pst.pA$ 和 $Pst.pB$ 分别代表受原模型和备择模型的后验胜率，这里分别为货币政策针对房地产价格缺口调控的模型和针对房地产定价非效率因素调控的模型；pA 和 pB 表示两个模型的先验胜率，mdA 和 mdB 表示模型的对数边际密度。

为了使检验结果可靠,本书假定两个模型的先验胜率分布为以下五种情况:0.1:0.9、0.3:0.7、0.5:0.5、0.7:0.3以及0.9:0.1。按照公式和计算两个模型的后验胜率,汇报在表4-7中。

表4-7   模型的后验概率比较

模型	对数边际密度	先验胜率比/后验胜率比				
		0.1:0.9	0.3:0.7	0.5:0.5	0.7:0.3	0.9:0.1
模型1	1025.336058	0.0004	0.0015	0.0034	0.0080	0.0302
模型2	1031.002373	0.9996	0.9985	0.9966	0.992	0.9698

注:模型1表示货币政策针对房地产价格缺口进行调控,模型2表示货币政策针对房地产定价非效率成分进行调控。

资料来源:作者根据求解结果整理。

显然,在上述各种先验胜率设定下,模型2的后验胜率比均近似1,而模型1的后验胜率比均接近于0。因此有理由认为,从模型拟合优度的角度来看,模型2更加符合我国经济现实。换言之,我国中央银行针对房地产定价非效率成分进行了货币政策干预,而不是简单地针对房地产价格缺口进行干预。

4.4.2 模型有效性检验

上一节通过比较两个NK-DSGE的模型后验胜率证实:相较而言,将房地产定价非效率因素引入货币政策规则的模型具有更好的数据拟合度。但是,占优模型对现实数据的拟合程度如何还需要进一步检验。

由于NK-DSGE模型在贝叶斯估计过程中已经最大化拟合了模型和实际数据的一阶矩,这里通过比较模型中观测变量($\hat{Y}$、$\hat{I}$、$\hat{m}$、$\hat{\pi}$、$\widehat{R^{of}}$)的理论二阶矩和实际数据的二阶矩来评价模型的有效性。本书计算了观测变量理论二阶矩的后验分布,将理论二阶矩的均值、[5%,95%]置信区间的上下限,以及观测变量的实际二阶矩汇报在表4-8中。

表 4 − 8   观测变量的二阶矩比较

变量	DATA	Theoretical Mean	HPDinf（5%）	HPDsup（95%）
		方差		
Y	3.03E − 04	6.39E − 04	0.00E + 00	1.45E − 03
I	1.70E − 03	2.52E − 03	0.00E + 00	6.97E − 03
m	9.08E − 04	1.06E − 03	0.00E + 00	2.11E − 03
π	4.10E − 05	1.23E − 04	0.00E + 00	2.74E − 04
R^{of}	2.33E − 06	5.11E − 05	0.00E + 00	1.20E − 04
		协方差		
Y_I	2.83E − 04	3.72E − 05	− 4.48E − 04	7.13E − 04
Y_m	9.42E − 05	− 2.77E − 04	− 6.59E − 04	0.00E + 00
Y_π	1.47E − 07	− 1.91E − 05	− 8.06E − 05	1.67E − 05
Y_R	1.22E − 05	− 7.02E − 05	− 1.46E − 04	0.00E + 00
I_m	2.01E − 04	− 7.62E − 05	− 4.04E − 04	1.03E − 04
I_π	2.29E − 06	− 1.34E − 05	− 1.52E − 04	2.27E − 04
I_R^{of}	1.52E − 06	5.09E − 06	− 5.09E − 05	1.13E − 04
m_π	− 1.69E − 06	− 4.25E − 05	− 1.05E − 04	1.06E − 06
m_R^{of}	1.37E − 06	5.87E − 06	0.00E + 00	3.21E − 05
π_R^{of}	2.31E − 06	6.38E − 05	− 1.36E − 05	1.47E − 04

注：表中上半部分列示了变量的方差；下半部分列示了变量间的协方差，记法 Y_I 表示 $\hat{Y}$ 和 $\hat{I}$ 的协方差，其他类推。

资料来源：作者根据实证结果整理。

从表 4 − 8 的结果可以看出，实际产出缺口、实际投资缺口、实际货币余额缺口、通货膨胀率缺口以及利率缺口的实际方差与由模型得到的理论方差的均值比较接近，实际方差均落在理论方差 5% ～95% 的置信区间内。由实际数据得到的变量两两间协方差与由模型得到的理论协方差均值符号存在一些差异，但其绝对值都非常小。大部分实际协方差均落在理论协方差 5% 到 95% 的置信区间内。因此，从整体上来看，模型较好地捕捉到了观测变量间的二阶矩关系，能够较好地刻画实体经济变量间的内在联系。换言之，将房地产定价非效率因素引入货币政策规则方程的 NK-DSGE 模型具备较高的现实有效性，进一步证实我国中央银行会针对房地产市场定价非效率成分进行货币政策干预。

4.4.3　结果讨论

从上述参数估计情况、贝叶斯后验胜率比较以及模型与实际数据二阶矩的匹配结果来看，基于 NK-DSGE 模型的研究支持我国中央银行针对房地产定价非效率因素进行货币调控的假设。这一结论与 FIML-VAR 参数估计方法得到的结论一致，与 GMM 估计方法得到结论不一致。那么，NK-DSGE 模型贝叶斯估计的方法是否更可科学，由 NK-DSGE 模型得到的结论是否更可信呢？这里不妨再做一点讨论。

在现有的文献资料中，估计货币政策规则方程目前仍然以非结构性时间序列计量模型作为主要工具。在这些非结构性模型的估计方法中，本章第一节中使用的单一方程迭代 GMM 估计和联立方程 FIML-VAR 估计方法相对而言具备较为优良的性质，在克服内生性问题方面有着良好表现。例如迭代 GMM 以工具变量克服滞后因变量的内生性问题，连续迭代提高了估计的准确性；FIML-VAR 估计使用联立方程系统的全部信息，通过一套独立 VAR 系统"先验"地刻画货币政策方程中内生变量的动态特征，然后再考察这些重要自变量对货币政策工具的影响，从而也能够有效缓解内生性的影响。但是，这两种方法也有各自的缺陷：GMM 估计的有效性严重依赖于工具变量的选择，且小样本估计的性质并不理想；FIML-VAR 避免了 GMM 依赖工具变量的缺陷，但是对 VAR 的滞后期和样本容量的依赖性也很强。在估计我国货币政策时，受到样本长度的限制较为严重，本书得到的样本的最大观测数仅 69 个，对于 FIML-VAR 模型而言自由度并不宽裕。

相比之下，NK-DSGE 模型属于结构宏观模型，其具有微观基础的一般均衡框架刻画了大量宏观经济变量间的内在联系。利用结构宏观计量模型的最大优势在于不必担心内生性问题的影响，相反，这些内在的相互关系正是参数识别的基础。另外，贝叶斯估计具有更好的小样本性质，在估计我国货币政策规则时更为可靠。

通过构建 NK-DSGE 模型进行贝叶斯估计的另外一个好处是，能够同时估计利率规则的反应系数和货币供应量规则的反应系数。从我国目前的货币政策实践来看，利率调控和存款准备金调控是常规货币政策调整的两个主要工具，且中央银行可能同时进行降息、降准操作，这与西方发达国家主要依靠基准利率调控不同。但是从本章第一节可以看到，无论是单一方程迭代 GMM 估计和联立方程 FIML-VAR 估计，都是分别估计利率规则或货币供应量规则，忽视了两个工具的相互作用和共同影响。而在 NK-DSGE 模型中，可以同时考虑两种货币政策工具的作用。从参数估计的结果来看，同时估计利率规则和货币供应量规则时得到的货币政策反应系数与单独估计也可能存在不同，例如本书得到货币政策利率对产出缺口、通胀缺口和房地产价格缺口的反应系数分别为 0.6757、1.3815① 和 0.1927，后两者略小于肖争艳和彭博（2011）、侯成琪和龚六堂（2014）得到的结果②，其原因可能在于货币供应量的调整分担了部分影响。

除此之外，利用贝叶斯方法估计 NK-DSGE 模型的一个额外优势在于，不仅能够估计模型参数，还能够方便地进行模型比较。正如上文所做的，NK-DSGE 模型既可以将房地产价格缺口纳入货币政策规则，也可以将房地产定价非效率因素纳入货币政策规则，贝叶斯估计能够得到两种模型设定方式下的参数估计结果。而利用对数边际密度构造贝叶斯因子，计算后验胜率则可以进行模型的比较、识别出哪个模型更适合描述现实经济。本章中，利用 NK-DSGE 模型的贝叶斯估计不仅得到了我国中央银行针对房地产定价非效率因素的反应系数，而且证实了将房地产定价非效率因素纳入货币政策规则能够更好地刻画我国中央银行货币政策实践。

因此，构建 NK-DSGE 模型并进行贝叶斯估计在方法的选择上具有科学性，其得到的结论可靠且具有重要的启示意义。

---

① r_π 的估计结果为 0.4139，注意货币政策利率对通胀缺口的反应系数为 $1 + r_\pi$。

② 肖争艳，彭博. 住房价格与中国货币政策规则 [J]. 统计研究，2012，28（11）：40－49. 得到的利率对产出、通胀和房价缺口的反应系数分别为：0.46、1.79、2.62，均大于本文的参数估计结果；侯成琪，龚六堂. 货币政策应该对住房价格波动作出反应吗——基于两部门动态随机一般均衡模型的分析 [J]. 金融研究，2014，（10）：15－33. 得到的反应系数分别为：0.1334、1.5297、1.8596，利率对通胀缺口和房地产价格缺口的反应系数大于本文得到的结果。

4.5 本章小结

在第 3 章理论分析和实证检验结果的基础上，本章主要利用时间序列计量方法和结构宏观计量方法寻找我国中央银行针对房地产市场定价的非效率因素进行货币政策干预的证据。

在结构安排上，本章首先利用单一货币政策方程的 GMM 估计方法和联立方程系统的 FIML-VAR 估计方法，分别估计了传统的一阶平滑的扩展泰勒规则和麦科勒姆规则（货币政策针对房地产价格缺口进行调控），以及由第 3 章得到的纳入房地产定价非效率因素的最优利率规则和最优货币供应量规则；并对参数估计结果进行了比较分析和讨论。随后，构建了一个纳入房地产的新凯恩斯动态随机一般均衡分析框架，通过分别引入针对房地产价格缺口调控和针对房地产市场定价非效率因素调控的不同的货币政策规则，得到了同一分析框架下可比的两个 NK-DSGE 模型；利用我国 1999 年第一季度至 2016 年第一季度的宏观经济数据，对模型的部分参数进行校准，并利用贝叶斯估计方法识别其他未知参数；随后利用估计过程中得到的对数边际密度构造贝叶斯后验胜率，来对两个 NK-DSGE 模型的现实拟合优度进行比较，得到占优模型；并通过高阶矩的拟合程度来考察占优模型的有效性，最终得到我国中央银行是否针对房地产定价非效率因素进行调控的结论。

结论方面，本章发现：第一，经典的非结构性时间序列计量方法（GMM 和 FIML-VAR）由于存在小样本估计偏差，不能得到我国中央银行是否针对房地产定价非效率因素进行货币政策干预的稳健结论；本章中 FIML-VAR 参数估计结果显示我国货币政策针对房地产定价非效率因素进行了干预，但 GMM 参数估计结果则不能得到同样的结论，因此需要谨慎看待利用特定计量方法得到的结论。第二，通过构建 NK-DSGE 模型，并借助贝叶斯方法进行参数估计和模型后验胜率比较，发现房地产定价的非效率因素的确影响了我国中央银行的货币政策决策，这与第 3 章揭示的最优货币政策规则的要求一致。

本章的贡献和创新之处在于：第一，通过构建 NK-DSGE 模型刻画宏观经济变量间的内在结构性约束关系，使用贝叶斯估计方法克服传统计量方法的小样本缺陷，利用贝叶斯后验胜率进行模型比较，首次得到了我国中央银行针对房地产资产定价效率进行货币政策干预的结论。第二，同时将最优利率规则和最优货币供应量规则纳入 NK-DSGE 模型，同时估计了货币政策利率和货币供应量对房地产定价非效率因素的反应系数；这与现有文献中单独估计利率规则或单独估计货币供应量规则的做法不同，更加符合我国利率市场化程度不高、数量型货币政策工具和价格型货币政策工具并重的中央银行货币政策实践。

本章的不足之处在于：由于技术上的困难，本章构建的 NK-DSGE 模型在引入房地产定价非效率因素时，仅利用房地产价格缺口的一阶差分刻画了由市场参与者预期、情绪及投机行为造成的房地产价格对内在基本面价值的偏离，将由市场不完善而造成的随机价格扰动对货币政策工具的影响［凯斯和席勒/Case and Shiller（1989）的公式 $P = C + T + N$ 中的 N］归入了货币政策冲击之中。尽管市场预期、情绪及投机行为是引起房地产定价非效率的最主要原因，且市场不完善造成的价格扰动是独立同分布的零均值高斯噪声，但理论上后者也属于房地产价格波动中的非效率成分，因此，这一部分的缺漏一定程度上会降低结论的准确性，在后续的研究中还须将其纳入考虑。

第 5 章
干预房地产资产定价效率的福利
最大化货币政策规则选择

通过求解中央银行的局部最优化问题，本书的第 3 章指出中央银行损失最小化的最优货币政策应当针对房地产资产定价非效率因素进行干预。而第 4 章通过 NK-DSGE 模型的贝叶斯估计和贝叶斯后验胜率的比较发现，我国中央银行的货币政策实践中的确存在对房地产资产定价非效率因素进行调控的现象，即房地产资产定价非效率因素是我国中央银行货币政策规则方程中的重要干预对象。那么，接下来一个自然的疑问则是：从社会福利的角度来看，我国中央银行货币政策对实际产出缺口、通货膨胀缺口，以及房地产资产定价非效率因素的干预力度是否是最优的？而要回答这一问题，需要解决的问题包括：社会福利如何度量？福利最大化的最优货币政策规则应当如何选择？以及哪些因素会影响社会福利和最优货币政策选择？

从文献回顾章节（第 2 章）可以发现，度量货币政策对社会福利的影响，并基于社会福利最大化设计最优货币政策已经成为近年来货币政策研究领域最为关键和前沿的课题（诺特博格和伍德福德/Rotemberg and Woodford，1997；伍德福德/Woodford，2003；贝尼尼奥和伍德福德/Benigno and Woodford，2004；施密特－格罗和乌里韦/Schmitt-Grohé and Uribe，2004、2007；拉文纳和沃尔什/Ravenna and Walsh，2011；鲁维奥/Rubio，2011；安德烈等/Andrés et al.，2013；诺塔尔彼得罗和西维罗/Notarpietro and Sivero，2015；陈利锋和范红忠，2013、2014；陈利锋，2014）。而在度量社会福利和设计最优货币政策规则的方法选择上，具有微观基础的 NK-DSGE 模型成为研究者首选的工具：在这一框架下，代表性经济主体的效用函数即为社会福利的自然度量；微观主体最优化决策基础和部门间的关联刻画了经济系统中复杂的经济关系和货币政策传导机制，从而很好地模拟了最优货币政策规则的分析环境。

基于上述考虑，在前人的工作基础上，本章将基于 NK-DSGE 分析框架来回答开篇提出的几个问题。在结构安排上，首先，对第 4 章的 NK-DSGE 模型进行适当的补充和调整（第 4 章利用对数线性化技术得到了 NK-DSGE 模型的线性形式，大大简化了均衡条件的推导和贝叶斯估计；但是基于对数线性化模型的福利分析一般是不可靠的，必须从非线性模型入手），尤其是对零售部门价格形成机制进行了细致的非线性刻画；随后分析了货币政策的传导机制，以及外生冲击下模型的动态响应特征；其次，介绍了福利度量方式，设计了福利最大化的货币政策规则，并进行了货币政策目标取舍的必要讨论；再次，在此基础上，本章就市场结构对社会福利及最优货币政策选择的影响进行了拓展分析；最后是本章小结。

5.1　NK-DSGE 模型的调整与均衡条件

尽管对数线性化的 NK-DSGE 模型在求解和贝叶斯估计中具有一定的优势，但是在分析社会福利（基于代表性个体的效用）时却存在一些问题，其中最主要的包括两点：一是利用对数线性化的模型求解福利最大化货币政策时需要对效用函数进行二次逼近，这在一些结构复杂的 NK-DSGE 模型（包含了除名义黏性之外的其他市场扭曲形式）中往往非常困难（博森/Paustian，2004；施密特 - 格罗和乌里韦/Schmitt-Grohé and Uribe，2007；鲁维奥/Rubio，2011；诺塔尔彼得罗和西维罗/Notarpietro and Sivero，2015）；二是通常认为基于对数线性化模型进行福利分析，特别是求解拉姆齐问题的结果是不可靠的。因此，有必要利用 NK-DSGE 模型的非线性形式进行福利分析。

一般而言，非线性形式 NK-DSGE 模型的方程系统和对数线性化后的方程系统是一一对应的，但是存在一个例外情形。在对数线性化系统中，具有卡尔沃（Calvo）定价模式的零售商部门的最优决策可以简单地以 NK-Philips 曲线来描述①，而在非线性模型的方程系统中，零售商部门的决策及价格形成机

---

① 在伯南克等（Bernanke et al.，1999）、雅可维洛（Iacoviello，2005）等大量的文献中，零售商部门的最优决策方程都简写为 NK-Philips 曲线；且一般情况下，若非必要进行非线性分析，文献资料中均不对卡尔沃价格设定模式的零售商部门展开分析，而是制式地采用 NK-Philips 曲线来表示。

制需要用一组方程来刻画，且需要引入多个辅助变量。先对零售商部门进行补充和调整，得到完整的非线性均衡系统。

5.1.1　零售商部门与非线性 NK-Philips 曲线

零售商部门的基本设定与第 4 章中的模型一致。垄断竞争的零售商构成测度为 1 的连续统，分别以 z 来标记。零售商以价格 P^w 从完全竞争的市场买入中间产品，并以零成本"加工"（分装）为最终产品 $Y_t(z)$，以价格 $P_t(z)$ 在垄断竞争的最终产品市场上出售。最终产品以 CES 函数形式加总，因此最终产出指数 Y_t^f、平均价格指数 P_t 和各零售商面临的需求函数分别为：

$$Y_t^f = \left| \int_0^1 Y_t(z)^{\varepsilon-1/\varepsilon} dz \right|^{\varepsilon/\varepsilon-1} \tag{5-1}$$

$$P_t = \left| \int_0^1 P_t(z)^{1-\varepsilon} dz \right|^{1/1-\varepsilon} \tag{5-2}$$

$$Y_t(z) = \left[P_t(z)/P_t \right]^{-\varepsilon} Y_t^f \tag{5-3}$$

假设零售商的定价模式遵循卡尔沃（Calvo，1983）的特殊设定，即每一期中只有 $1-\theta$ 比例的零售商可以改变价格，而其他零售商只能将价格与上期通胀挂钩，指数化调整的参数为 $\chi^p \in [0,1]$。那么若一个零售商在 τ 期内都没有改变价格，那么 τ 期后单位产成品收益可以标准化为：$\prod_{s=1}^{\tau} \left[\pi_{t+s-1}^{\chi^p}/\pi_{t+s} * P_t(z) \right]$。这里为了简化分析假设 $\chi^p = 0$，即剩余零售商的价格完全固定，从而与第 4 章的基准模型保持一致。

由于零售商只是将中间产品加工（包装）成最终产品，其生产函数为 $Y_t(z) = Y_t^w(z)$。假设零售商加工产成品的额外成本为 0，那么生产每单位最终产品的名义边际成本即为中间商品的价格 P^w，零售商的决策问题可以描述如下：

$$\max_{p_t(z)} E_t \sum_{\tau=0}^{\infty} (\beta\theta)^{\tau} \frac{\lambda'_{t+\tau}}{\lambda'_t} \left\{ \prod_{s=1}^{\tau} \left[\frac{P_t(z)}{P_{t+\tau}} - \frac{P_t^w(z)}{P_{t+\tau}} \right] Y_t(z) \right\}$$

$$st. \quad Y_{t+\tau}(z) = \left\{ \prod_{s=1}^{\tau} \left[P_t(z)/P_{t+\tau} \right] \right\}^{-\varepsilon} Y_{t+\tau}^f \tag{5-4}$$

式（5-4）中，λ'_t 表示耐心型家户部门效用最大化问题关于预算约束的拉格朗日乘子，由一阶条件可知 $1/\lambda'_t = c'_t$。根据模型的假定，零售商部门的利润最终一次性支付给耐心型家户部门，因此 $\lambda'_{t+\tau}/\lambda'_t$ 代表了未来利润的现期价值，而经过效用折现系数 β 的折现，就度量了未来利润对效用现值的贡献。

将需求方程代入目标函数可将零售商的最优化问题改写为：

$$\max_{P_t(z)} E_t \sum_{\tau=0}^{\infty} (\beta\theta)^\tau \frac{\lambda'_{t+\tau}}{\lambda'_t} \left\{ \left[\left[\prod_{s=1}^{\tau} \frac{P_t(z)}{P_{t+\tau}} \right]^{1-\varepsilon} - \left[\prod_{s=1}^{\tau} \frac{P_t(z)}{P_{t+\tau}} \right]^{-\varepsilon} \frac{P_{t+\tau}^w(z)}{P_{t+\tau}} \right\} Y_t^f \right\}$$

$$(5-5)$$

进一步地有：

$$\max_{P_t(z)} E_t \sum_{\tau=0}^{\infty} (\beta\theta)^\tau \frac{\lambda'_{t+\tau}}{\lambda'_t} \left\{ \left[\left[\prod_{s=1}^{\tau} \frac{1}{\pi_{t+s}} \frac{P_t(z)}{P_t} \right]^{1-\varepsilon} - \left[\prod_{s=1}^{\tau} \frac{1}{\pi_{t+s}} \frac{P_t(z)}{P_t} \right]^{-\varepsilon} \frac{P_{t+\tau}^w(z)}{P_{t+\tau}} \right\} Y_t^f \right\}$$

$$(5-6)$$

求解上述最大化问题，得到最优价格 $p_t^*(z)$ 满足以下一阶条件：

$$E_t \sum_{\tau=0}^{\infty} (\beta\theta)^\tau \frac{\lambda'_{t+\tau}}{\lambda'_t} \left\{ \begin{array}{l} (1-\varepsilon) \left[\prod_{s=1}^{\tau} \frac{1}{\pi_{t+s}} \frac{P_t^*(z)}{P_t} \right]^{1-\varepsilon} P_t^*(z)^{-1} - \\ \varepsilon \left[\prod_{s=1}^{\tau} \frac{1}{\pi_{t+s}} \frac{P_t^*(z)}{P_t} \right]^{-\varepsilon} P_t^*(z)^{-1} \frac{P_{t+\tau}^w(z)}{P_{t+\tau}} \end{array} \right\} Y_t^f = 0$$

$$(5-7)$$

进一步化简可以得到：

$$E_t \sum_{\tau=0}^{\infty} (\beta\theta)^\tau \lambda'_{t+\tau} \left\{ \left\{ (1-\varepsilon) \left[\prod_{s=1}^{\tau} \frac{1}{\pi_{t+s}} \right]^{1-\varepsilon} \frac{P_t^*(z)}{P_t} - \varepsilon \left[\prod_{s=1}^{\tau} \frac{1}{\pi_{t+s}} \right]^{-\varepsilon} \frac{P_{t+\tau}^w(z)}{P_{t+\tau}} \right\} Y_t^f \right\} = 0$$

$$(5-8)$$

注意，由式（5-8）可以发现，当不存在价格黏性，即 $\theta = 0$ 时有：

$$\frac{P_t^*(z)}{P_{t+\tau}^w(z)/(P_{t+\tau}/P_t)} = \frac{\varepsilon}{\varepsilon-1}$$

$$(5-9)$$

即零售商最优定价时的实际价格加成比为 $\varepsilon/(\varepsilon-1)$。考虑在一个完全对称的均衡里，所有改变价格的零售商制定的价格应该完全一致，即 $P_t^*(z) = P_t^*$。另外，将平均价格加成比简记为 $X_t \equiv P_t/P_t^w$，则一阶条件可以进一步写为：

$$E_t \sum_{\tau=0}^{\infty} (\beta\theta)^\tau \lambda'_{t+\tau} \left\{ \left\{ (1-\varepsilon) \left[\prod_{s=1}^{\tau} \frac{1}{\pi_{t+s}} \right]^{1-\varepsilon} \frac{P_t^*}{P_t} - \varepsilon \left[\prod_{s=1}^{\tau} \frac{1}{\pi_{t+s}} \right]^{-\varepsilon} \frac{1}{X_{t+\tau}} \right\} Y_t^f \right\} = 0$$

$$(5-10)$$

显然，上述包含无限期求和计算的一阶条件无法纳入 NK-DSGE 模型均衡方程系统进行简单求解。这里本书借鉴拉韦纳和沃尔什（Ravenna and Walsh，2011）、费尔南德斯 – 维拉维尔德（Fernandez – Villaverde，2010）、费尔南德斯 – 维拉维尔德和鲁比奥·拉米雷斯（Fernandez – Villaverde and Rubio – Ramirez，2004）的研究将其改写为易计算的递归形式。首先，定义如下两个辅助变量：

$$g_t^1 \equiv E_t \sum_{\tau=0}^{\infty} (\beta\theta)^{\tau} \lambda'_{t+\tau} \left[\prod_{s=1}^{\tau} \frac{1}{\pi_{t+s}} \right]^{-\varepsilon} \frac{1}{X_{t+\tau}} Y_t^f \qquad (5-11)$$

$$g_t^2 \equiv E_t \sum_{\tau=0}^{\infty} (\beta\theta)^{\tau} \lambda'_{t+\tau} \left[\prod_{s=1}^{\tau} \frac{1}{\pi_{t+s}} \right]^{1-\varepsilon} \frac{P_t^*}{P_t} Y_t^f \qquad (5-12)$$

那么一阶条件则可以简写为：

$$\varepsilon g_t^1 = (1 - \varepsilon) g_t^2 \qquad (5-13)$$

在此基础上，将式和式写成如下递归形式：

$$g_t^1 = \lambda'_t Y_t^f / X_t + \beta\theta E_t (1/\pi_{t+1})^{-\varepsilon} g_{t+1}^1 \qquad (5-14)$$

$$g_t^2 = \lambda'_t \pi_t^* Y_t^f + \beta\theta E_t (1/\pi_{t+1})^{1-\varepsilon} (\pi_t^* / \pi_{t+1}^*) g_{t+1}^2 \qquad (5-15)$$

其中，$\pi_t^* = P_t^* / P_t$ 代表了改变价格的零售商的最优定价与平均物价水平的比值。在卡尔沃定价机制下，一般物价水平指数 P_t 满足如下关系：

$$P_t^{1-\varepsilon} = \theta P_{t-1}^{1-\varepsilon} + (1-\theta) P_t^{*\,1-\varepsilon} \qquad (5-16)$$

进而可以得到 π_t 和 π_t^* 的如下关系式：

$$1 = \theta (1/\pi_t)^{1-\varepsilon} + (1-\theta) \pi_t^{*\,1-\varepsilon} \qquad (5-17)$$

定义 $v_t^p \equiv \int_0^1 \left[P_t(z)/P_t \right]^{-\varepsilon} dz$，度量零售商部门的价格分散程度，那么在卡尔沃定价机制下满足：

$$v_t^p = \theta \left(\frac{1}{\pi_t} \right)^{-\varepsilon} v_{t-1}^p + (1-\theta) \pi_t^{*\,-\varepsilon} \qquad (5-18)$$

最后，需要通过加总将零售商部门和剩余其他部门联系起来。由于社会的总需求为：$Y_t^f = c_t + c'_t + c''_t + I_t$，那么对于零售商 z 的需求为：

$$Y_t(z) = (c_t + c'_t + c''_t + I_t) \left(\frac{P_t(z)}{P_t} \right)^{-\varepsilon} \qquad (5-19)$$

那么，对于完全同质的中间品而言有（根据其生产技术）：

$$Y_t^w(z) = (c_t + c'_t + c''_t + I_t) \left(\frac{P_t(z)}{P_t} \right)^{-\varepsilon} \qquad (5-20)$$

则有：

$$Y_t = A_t K_t{}^{\mu} h_t{}^{\nu} L'_t{}^{\alpha(1-\mu-\nu)} L''_t{}^{(1-\alpha)(1-\mu-\nu)} = \int_0^1 Y_t^w(z)$$

$$= (c + c'_t + c''_t + I_t) \int_0^1 \left(\frac{P_t(z)}{P_t}\right)^{-\varepsilon} dz = (c + c'_t + c''_t + I_t) v_t^p \qquad (5-21)$$

式（5-19）~式（5-21）中的 Y_t、c_t、c'_t、c''_t 及 I_t 均与第 4 章中的定义相同。式（5-13）、式（5-14）、式（5-15）、式（5-17）及式（5-18）共同构成了 NK-Philips 曲线的非线性形式。

5.1.2 均衡条件

除了涉及零售商部门的上述改动外，模型其他部门的设定与上一章保持一致。由各部门的一阶条件、约束条件构成如下结构方程系统：

$$\frac{1}{c'_t} = \beta E_t \left| \frac{R_t}{\pi_{t+1} c'_{t+1}} \right| \qquad (5-22)$$

$$L'_t{}^{\eta} = \alpha(1 - \mu - \nu)\frac{Y_t}{c'_t X_t} \qquad (5-23)$$

$$\frac{q_t}{c'_t} = \frac{j_t}{h'_t} + \beta E_t\left(\frac{q_{t+1}}{c'_{t+1}}\right) \qquad (5-24)$$

$$b''_t = m^h E_t(q_{t+1} h''_t \pi_{t+1}/R_t) \qquad (5-25)$$

$$c''_t + q_t \Delta h''_t + R_{t-1} b''_{t-1}/\pi_t = b''_t + (1 - \alpha)(1 - \mu - \nu)Y_t/X_t \qquad (5-26)$$

$$\frac{1}{c''_t} = \beta'' E_t \left| \frac{R_t}{\pi_{t+1} c''_{t+1}} \right| + \lambda''_t R_t \qquad (5-27)$$

$$L''_t{}^{\eta} = (1 - \alpha)(1 - \mu - \nu)\frac{Y_t}{c''_t X_t} \qquad (5-28)$$

$$\frac{q_t}{c''_t} = \frac{j_t}{h''_t} + E_t \left| \beta'' \frac{q_{t+1}}{c''_{t+1}} + \lambda''_t m^h q_{t+1} \pi_{t+1} \right| \qquad (5-29)$$

$$Y_t = A_t K_{t-1}^{\mu} h_{t-1}^{v} L'_t{}^{\alpha(1-\mu-v)} L''_t{}^{(1-\alpha)(1-\mu-v)} \qquad (5-30)$$

$$\frac{Y_t}{X_t} + b_t = c_t + q_t(h_t - h_{t-1}) + \frac{R_{t-1}}{\pi_t} b_{t-1} + (1 - \mu - \nu)\frac{Y_t}{X_t} + I_t + \frac{\psi}{2\delta}\left|\frac{I_t}{K_{t-1}} - \delta\right|^2 K_{t-1}$$

$$\qquad (5-31)$$

$$b_t = m^e q_{t+1} h_t \pi_{t+1}/R_t \qquad (5-32)$$

114

$$I_t = K_t - (1 - \delta)K_{t-1} \tag{5-33}$$

$$\frac{1}{c_t} = \gamma E_t \left| \frac{R_t}{\pi_{t+1}c_{t+1}} \right| + \lambda_t R_t \tag{5-34}$$

$$\frac{q_t}{c_t} = E_t \frac{\gamma}{c_{t+1}} \left| v \frac{Y_{t+1}}{X_{t+1}h_t} + q_{t+1} \right| + \lambda_t m^e \pi_{t+1}q_{t+1} \tag{5-35}$$

$$\frac{1}{c_t}1 + \frac{\psi}{\delta}\frac{I_t}{K_{t-1}} - \delta = E_t \frac{\gamma}{c_{t+1}}\frac{\mu Y_{t+1}}{X_{t+1}K_t} + 1 - \delta + \frac{\psi}{\delta}\frac{I_{t+1}}{K_t}\delta \frac{1}{2}\frac{I_{t+1}}{K_t} + \delta + 1 - \delta$$

$$\tag{5-36}$$

$$g_t^1 = Y_t^f/(c'_t X_t) + \beta\theta\pi_{t+1}{}^\varepsilon g_{t+1}^1 \tag{5-37}$$

$$g_t^2 = Y_t^f \pi_t^*/c'_t + \beta\theta\pi_{t+1}{}^{\varepsilon-1}\frac{\pi_t^*}{\pi_{t+1}^*}g_{t+1}^2 \tag{5-38}$$

$$\varepsilon g_t^1 = (1 - \varepsilon)g_t^2 \tag{5-39}$$

$$\theta\pi_t{}^{\varepsilon-1} + (1 - \theta)\pi_t^*{}^{1-\varepsilon} = 1 \tag{5-40}$$

$$v_t^p = \theta\left(\frac{1}{\pi_t}\right)^{-\varepsilon}v_{t-1}^p + (1 - \theta)\pi_t^*{}^{-\varepsilon} \tag{5-41}$$

$$Y_t^f = (c_t + c'_t + c_t^{''} + I_t) \tag{5-42}$$

$$Y_t = Y_t^f vp_t \tag{5-43}$$

$$R_t^{of}/R^{of} = (R_{t-1}^{of}/R^{of})^{r_R}\left[(\pi_t/\pi)^{1+r_\pi}(Y_t/Y)^{r_Y}(q_{t-1}/q_{t-2})^{r_q}\right]^{1-r_R}e_{R,t}$$

$$\tag{5-44}$$

$$m_t/m = (m_{t-1}/m)^{\lambda_m}\left[(\pi_t/\pi)^{-\lambda_\pi}(Y_t/Y)^{-\lambda_Y}(q_{t-1}/q_{t-2})^{-\lambda_q}\right]^{1-\lambda_m}e_{m,t}$$

$$\tag{5-45}$$

$$R_t - 1 = (R_t^{of} - 1)\exp(\zeta(Y_t/Y_{t-1} - m_t/m_{t-1})) \tag{5-46}$$

$$h_t + h'_t + h_t^{''} = 1 \tag{5-47}$$

$$b_t + b'_t + b_t^{''} = 0 \tag{5-48}$$

$$A_t = A^{1-\rho_A}A_{t-1}{}^{\rho_A}e_{A,t} \tag{5-49}$$

$$j_t = j^{1-\rho_j}j_{t-1}{}^{\rho_j}e_{j,t} \tag{5-50}$$

上述 31 个内生变量和 31 个方程构成了完整的非线性 NK-DSGE 模型，模型的均衡是满足上述方程 $\{Y_t, Y_t^f, c_t, c'_t, c_t^{''}, I_t, L'_t, K_t, L_t^{''}, h_t, h'_t, h_t^{''}, b_t, b'_t, b_t^{''}\}_{t=0}^\infty$ 的配置和序列 $\{R_t, R_t^{of}, m_t, \pi_t, \pi_t^*, X_t, \lambda_t, \lambda_t^{''}, q_t, vp_t, g_t^1, g_t^2\}_{t=0}^\infty$ 的路径。模型内生变量的稳态水平见附录1。

5.2　货币政策传导机制与模型动态特征

在进行福利分析和福利最大化的货币政策设计之前，有必要首先了解 NK-DSGE 模型刻画的货币政策传导机制和模型的动态特征，前者主要揭示货币政策工具的调控效果如何传递到实体经济的各个部门，后者主要揭示关键宏观经济变量对外生随机冲击的动态调整路径。

5.2.1　货币政策的传导机制分析

根据经典文献，房地产价格在传导货币政策时主要通过其在广义信贷渠道中所承担的角色来发挥作用。本书的 NK-DSGE 模型主要刻画了房地产作为抵押资产，其价格波动影响了无耐心型家户和企业的信贷约束，进而作用于两部门的消费和投资决策，最终影响整个经济系统的资源配置和价格形成。除此之外，由于价格黏性的存在，货币表现出非中性特征，因此货币政策工具的调整也会通过债务通缩渠道来影响各部门决策。因此，本节主要分析债务通缩效应和房地产资产抵押效应在货币政策传导中所发挥的作用。具体而言，主要考察一个标准差大小的货币政策基准利率冲击和货币供应量冲击对产出的影响。

当货币政策基准利率升高时（负向货币政策利率冲击），信贷市场名义利率也随之升高，在价格黏性存在的假设下表现为信贷市场实际利率升高。根据债务通缩理论，利率升高会逐渐引致一般物价水平的下降，由于借贷合约是按照名义利率价格签署的，通胀率下降会进一步增加无耐心型家户和企业家部门的实际融资成本，抑制其消费和投资需求，最终导致总产出水平的下降。而根据房地产资产抵押效应，利率上升导致房地产价格下降，使得无耐心型家户和企业家部门的抵押能力下降，进一步降低了消费需求和总产出。当货币政策基准利率下降时（正向货币政策利率冲击），由于价格黏性的存在，短期内实际利率降低，耐心型家户贷款收益和延期消费意愿降低，导致消费需求增加；对于无耐心型家户和企业家部门而言，名义借款成本和实际借款成本下降导致消费需求和投资需求增加。利率降低的背后对应着逐渐上涨的一般物价水平，无耐心型家户和企业的实际借款成本下降，同样会进一步增加消费和投资需求。

当货币供应量增加时（正向货币政策冲击），信贷市场名义利率随之降低，由于价格黏性的存在，短期内实际利率降低，耐心型家户贷款收益和延期消费意愿降低，导致消费需求增加；对于无耐心型家户而言，名义借款成本和实际借款成本下降导致消费需求增加；同时企业的融资成本降低，资本需求和投资增加。类似的根据债务通缩理论和房地产资产抵押效应，会进一步增加消费和投资需求。而当货币供应量减少时（负向货币政策冲击），信贷市场名义利率会随之上升，一般物价水平下降。根据债务通缩效应会导致无耐心型家户和企业家部门的借贷成本进一步升高；根据房地产资产抵押效应，利率升高导致房地产价格下降，借款者抵押能力下降。因此，消费和投资均衡进一步减少。

为了进一步考察债务通缩效用和房地产资产抵押效用所发挥的作用大小，可以通过对基准 NK-DSGE 模型进行适当的调整来分别剔除两种效应的影响，构造两个对照模型进行比较分析。

首先，债务通缩效应的核心在于借贷利率为名义值，因此剔除债务通缩效应需要将借贷利率与通胀指数挂钩（指数化）。对于耐心型家户而言，t 期贷出资金 B'_t，收回上期贷款本息变为 $R_{t-1}\pi_t B'_{t-1}$，其消费的欧拉方程为：

$$\frac{1}{c'_t} = \beta' E_t\left(\frac{R_t}{c'_{t+1}}\right) \tag{5-51}$$

对无耐心家户和企业家部门而言，t 期借入资金分别为 B''_t 和 B_t，须支付的借款本息变为 $R_{t-1}\pi_t B'_{t-1}$ 和 $R_{t-1}\pi_t B_{t-1}$，其资金约束方程和消费的欧拉方程为：

$$\frac{1}{c''_t} = \beta'' E_t\left(\frac{R_t}{c''_{t+1}}\right) + \lambda''_t R_t \tag{5-52}$$

$$c''_t + q_t \Delta h''_t + R_{t-1} b''_{t-1} = b''_t + (1-\alpha)(1-\mu-\nu) Y_t/X_t - (m''_t - m''_{t-1}/\pi_t) \tag{5-53}$$

$$\frac{Y_t}{X_t} + b_t = c_t + q_t(h_t - h_{t-1}) + R_{t-1}b_{t-1} + (1-\mu-\nu)\frac{Y_t}{X_t} + I_t + \frac{\psi}{2\delta}$$

$$\left|\frac{I_t}{K_{t-1}} - \delta\right|^2 K_{t-1} \tag{5-54}$$

$$\frac{1}{c_t} = \gamma E_t \left| \frac{R_t}{c_{t+1}} \right| + \lambda_t R_t \qquad (5-55)$$

其次，资产抵押效应主要对无耐心型家户和企业家部门发挥影响。当考虑房地产资产抵押效应时，无耐心型家户须满足如下借贷约束条件：$b_t^{''} = m^h E_t(q_t h_t^{''} \pi_{t+1}/R_t)$ 和 $b_t = m^e E_t(q_t h_t \pi_{t+1}/R_t)$ ；而不考虑房地产资产抵押效应时，假设其可以获得的最大名义贷款额为与房地产价格无关的常数，则借贷约束分别变化为：$R_t b_t^{''} = \overline{B^{''}}$ 和 $R_t b_t = \overline{B}$ 。从而无耐心型家户和企业家部门关于消费和资产最优决策的一阶条件为：

$$\frac{1}{c_t^{''}} = E_t \left(\frac{\beta^{''} R_t}{\pi_{t+1} c_{t+1}^{''}} \right) + \lambda_t^{''} R_t \qquad (5-56)$$

$$\frac{q_t}{c_t^{''}} = \frac{j_t}{h_t^{''}} + E_t \left(\frac{\beta^{''} q_{t+1}}{c_{t+1}^{''}} \right) \qquad (5-57)$$

$$\frac{1}{c_t} = \gamma E_t \left| \frac{R_t}{\pi_{t+1} c_{t+1}} \right| + \lambda_t R_t \qquad (5-58)$$

$$\frac{q_t}{c_t} = E_t \frac{\gamma}{c_{t+1}} \left| \upsilon \frac{Y_{t+1}}{X_{t+1} h_t} + q_{t+1} \right| \qquad (5-59)$$

利用上节的参数校准值和贝叶斯估计结果（详见表 5-1 的汇总），通过仿真可以得到一个感性的认识。图 5-1 描述了当经济遭受一个标准差大小的负向利率冲击（利率升高）时，实际产出的累积损失比例。总体上，同时纳入房地产资产抵押效应和债务通缩效用的基准模型对基准利率冲击的反应更强、累积损失更大，这与上文分析一致：即抵押效应和债务通缩效应会进一步加剧利率升高对经济的冲击程度。图 5-2 描绘了一个标准差大小的货币供应量正向冲击对实际产出缺口的影响，可以看出在房地产资产抵押效应和债务通缩效应存在的情况下，累计实际产出对均衡偏离的波动更大。

5.2.2 模型的动态特征

本节从反馈的角度来考察外生随机冲击如何影响模型的关键内生变量的动态调整特征，以及货币政策基准利率和货币供应量会如何进行应对。在方法上，通过对上述 NK-DSGE 模型进行随机模拟即可得到各变量对外生冲击的冲击响应图，但在此之前须校准模型参数。由于本章非线性形式的 NK-DSGE

模型的均衡系统基本上与第 4 章中的对数线性化系统——对应（除了零售商部门和 NK-Philips 曲线以外），因此本章将按照第 4 章中的参数估计结果来校准参数，汇总在表 5-1 中。

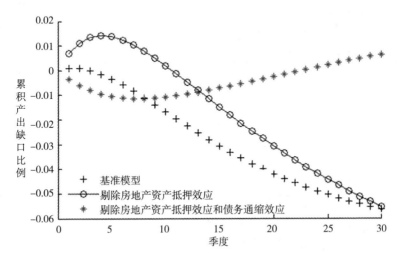

图 5-1 货币政策传导机制——基准利率

资料来源：作者根据实证结果绘制。

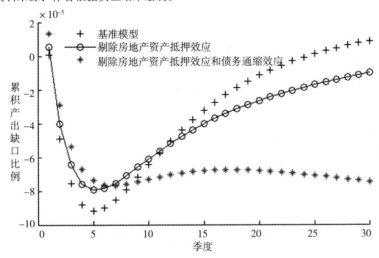

图 5-2 货币政策传导机制——货币供应量

资料来源：作者根据实证结果绘制。

表 5 -1　　　　　　　　　参数符号、定义及校准汇总

符号	定义	取值
β	耐心型家户效用折现系数	0.9900
$\beta^{''}$	无耐心型家户效用折现系数	0.9700
γ	企业家部门效用折现系数	0.9800
δ	资本折旧率	0.0300
j	房地产偏好系数	0.1500
ε	价格加成系数	21.0000
m_e	企业家部门信贷融资约束参数	0.7969
m_h	无耐心型家户部门信贷融资约束参数	0.7228
α	耐心型家户的劳动——收入占比	0.4017
ψ	资本调整成本参数	1.3819
χ	耐心型家户和无耐心家户持有实际货币的效用参数	0.6000
μ	中间产品的资本产出弹性系数	0.1354
υ	中间产品的房地产产出弹性系数	0.0474
θ	卡尔沃（Calvo）定价模式下每期可重新定价的零售商比例	0.7873
η	耐心型家户和无耐心型家户劳动供给厌恶系数	1.4141
r_R	货币政策基准利率调整的一阶平滑系数	0.9736
r_π	货币政策基准利率对通胀缺口的干预系数	0.3815
r_y	货币政策基准利率对产出缺口的干预系数	0.6757
r_q	货币政策基准利率对房地产定价非效率因素的干预系数	0.1927
λ_m	货币供应量调整的一阶平滑系数	0.6510
λ_π	货币供应量对通胀缺口的干预系数	0.4059
λ_y	货币供应量对产出缺口的干预系数	0.5703
λ_q	货币供应量对房地产定价非效率因素的干预系数	0.2146
ζ	货币供应量调整对信贷市场利率的影响系数	0.1933
ρ_a	技术冲击的一阶平滑系数	0.8554
ρ_j	房地产偏好冲击的一阶平滑系数	0.9242
σ_a	技术冲击的标准差	0.0223

续表

符号	定义	取值
σ_j	房地产偏好冲击的标准差	0.1633
σ_R	货币政策基准利率冲击的标准差	0.0010
σ_m	货币供应量冲击的标准差	0.0299

注：线性模型贝叶斯估计中不包括χ的取值，此参数的校准借鉴了徐妍等（2015）的研究。

资料来源：作者根据结果整理。

利用上述参数校准值，便可计算内生变量的冲击响应路径，图5－3和图5－4分别描绘了关键宏观经济变量在一个标准差大小的正向技术冲击和房地产偏好冲击下对稳态水平的偏离和回归路径。

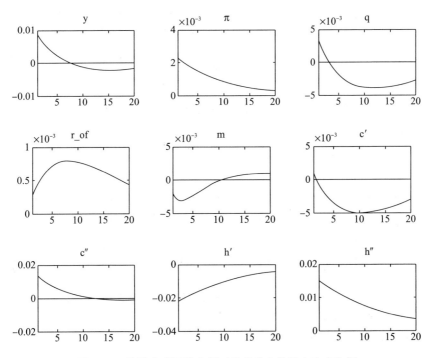

图5－3　关键宏观经济变量对技术冲击的动态响应特征

注：图中曲线表示各变量对稳态的偏离率。

资料来源：作者根据模型结果绘制。

首先，从图5－3可以看出，当经济系统出现正向技术冲击时，实际产出增加，经济系统由平衡增长路径进入繁荣状态：居民消费、通货膨胀率以及房地产价格均增加。中央银行进行逆风向调整，上调货币政策基准利率，减少基础货币供应，造成信贷市场利率高于均衡水平。耐心型家户作为信贷市场的资金供给方，进而缩减当期消费，减少房地产资产的持有量，以换取超额的资金回报。无耐心型家户的房地产持有量在较长期限内维持在稳态水平之上，缓解了其融资约束。而房地产价格随着市场利率的升高逐渐回落，并跌至稳态价格之下，限制了无耐心型家户的融资能力，使得其消费也逐步回落到稳态路径之上。

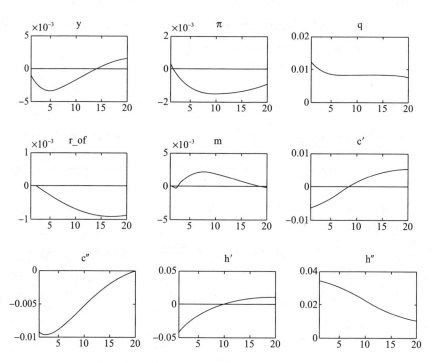

图5－4　关键宏观经济变量对房地产偏好冲击的动态响应特征

注：图中曲线表示各变量对稳态的偏离率。

资料来源：作者根据模型结果绘制。

　　图5－4中，当一个标准差大小正向房地产偏好冲击发生时，持有单位房地产商品对家户效用的贡献增加，因此，家户部门希望增加房地产持有量。

无耐心型家户可以通过信贷市场融资增加房地产商品的购买，其房地产持有量增加。无耐心型家户通过持有更多房地产资产对冲掉消费减少导致的效用降幅。类似地，企业家部门也可以通过信贷市场融资，增加房地产资产的持有，同时增加消费以提高效用水平。由于假定了房地产资产总量固定，耐心型家户的房地产资产持有量减少。同时耐心型家户的贷出资金大大增加以保障信贷市场出清，这导致其短期内消费较少，延期消费增加。由于耐心型家户、无耐心型家户的当期消费均减少，以及企业家部门的实际投资需求降低，总产出和通货膨胀率都出现下降，这使得中央银行通过下调货币政策基准利率、增加基础货币供应量来进行逆风向干预。需要注意的是，市场利率随着货币政策的调整而降低，这为房地产资产价格提供了支撑，导致其价格从高位回落的速度非常缓慢，这在一定程度上揭示了货币政策在应对房地产的狂热情绪时所面临的困难。

5.3　福利与最优货币政策分析

在阐述清楚 NK-DSGE 模型的内在机制之后，本节利用此模型进行福利分析和最优货币政策规则设计。下面基于模型中代表性经济主体的效用函数来度量社会福利和各部门福利，寻找不同福利最大化目标下的最优货币政策规则，并与传统弹性通胀目标制货币政策进行比较，分析其中差异产生的原因。

5.3.1　社会福利的度量

如同在文献回顾章节所述，基于 NK-DSGE 模型计算社会福利的方法大致有两种：一是按照伍德福德（2003）、贝尼尼奥和伍德福德（2004）等的方法通过二次逼近效用函数来度量福利，另外一种则是与诺塔尔彼得罗和西维耶罗（Notarpietro and Siviero，2015）、鲁比奥（Rubio，2011）相同，利用二阶近似求解结构方程系统，然后按照原始效用函数计算福利。本书采用后一种方法，主要的考虑是能够分别考察系统中不同代表性经济个体的福利。

耐心型家户、无耐心型家户和企业家部门代表性个体的福利函数分别表示如下[①]：

$$W_t^{PH} = E_t \sum_{\tau=0}^{\infty} \beta^\tau \left[\ln c_\tau' + j_\tau \ln h_\tau' - (L_\tau')^\eta / \eta \right] \qquad (5-60)$$

$$W_t^{IMPH} = E_t \sum_{\tau=0}^{\infty} (\beta'')^\tau \left[\ln c''_\tau + j_\tau \ln h''_\tau - (L''_\tau)^\eta / \eta \right] \qquad (5-61)$$

$$W_t^E = E_t \sum_{\tau=0}^{\infty} \gamma^\tau \ln c_\tau \qquad (5-62)$$

由于代表性个体的异质性，必须将不同部门的福利函数加总为社会福利函数。本书借鉴兰博蒂尼等（Lambertini et al.，2013）、鲁比奥（2011）以及诺塔尔彼得罗和西维耶罗（2015）的研究，定义社会福利函数如下：

$$W_t = \phi^{PH} W_t^{PH} + \phi^{IMPH} W_t^{IMPH} + \phi^E W_t^E \qquad (5-63)$$

其中，$\phi^{PH} = 1 - \beta$，$\phi^{IMPH} = 1 - \beta''$，$\phi^E = 1 - \gamma$。上述权重参数保证了给定固定最终品消费时，各类代表性个体能够获得同等效用。个体福利函数和社会福利函数分别提供了序数测度（ordinal measure），从而能够比较不同货币政策规则的福利效应。

5.3.2 货币政策选择与社会福利的数值模拟

根据上述福利函数的定义，本节借鉴诺塔尔彼得罗和西维耶罗（2015）的研究，利用搜索法来寻找最优货币政策。搜索范围为由以下条件构成的高维空间：$r_\pi \in [0.1, 1]$、$r_y \in [0.1, 2]$、$r_q \in [-1, 1]$、$\lambda_\pi \in [0.1, 1]$、$\lambda_y \in [0.1, 2]$、$\lambda_q \in [-1, 1]$。上述参数取值范围基本覆盖了现有文献资料中常见的参数估计结果。

需要注意的是，从目前可查的文献和技术论坛资料来看，在高维空间进行参数检索、进行 DSGE 模型的二阶近似求解仿真并进行福利比较得到最优货币政策规则是比较困难的：一方面，中大型 DSGE 模型的二阶近似求解仿真本身就比较耗时；另一方面，高维格子检索的计算量更是呈指数形式增加[②]。因此，这里采用以下两种方法来进行替代处理：

---

① 由于模型求解过程中默认货币市场出清，这里不考虑持有货币对家户效用的影响。

② 作者利用 Dynare + Matlab 进行 NK-DSGE 模型的二次近似求解和仿真一次（最快）需要 10 秒左右；即使 6 个待估参数每个检索格子数仅为 10，也须计算 10^6 次；计算四个目标福利函数的全局最优解一次大约需要 $1*10^7$ 秒，约 116 天，这显然是难以实现的。

（1）分别计算货币政策基准利率规则和货币供应量规则的全局最优解。分别计算意味着：将其中一种货币政策规则固定在现实水平（即贝叶斯估计得到的参数值），然后利用格子检索得到另一种货币政策规则在三维检索空间内的全局最优解。这一结果反映了中央银行单独进行利率规则调整或货币供应量规则调整时的全局最优方案。[①]

（2）同时计算货币政策基准利率规则和货币供应量规则的局部最优解。根据诺塔尔彼得罗和西维耶罗（2015），目标福利函数最大值关于参数 r_π 和 r_q 是近似平滑的[②]，因此本书可以按照以下检索方法来得到局部最优解，来作为全局最优解的近似：

①取六个待估参数检索空间的上、下边界（ $\sup^{r_i}/\inf^{r_i}, r_i \in \{r_y, r_\pi, r_q\}$ ）作为检索格点，进行 NK-DSGE 模型二次近似求解和仿真，计算目标福利函数；

②选择目标福利函数最大处的参数，若该参数是检索空间的上边界，则继续以该参数作为检索空间的上边界，下边界调整为 $\sup^{r_i} - (\sup^{r_i} - \inf^{r_i})/2$ ；若该参数是检索空间的下边界，则继续以该参数作为检索空间的下边界，上边界调整为 $\inf^{r_i} + (\sup^{r_i} - \inf^{r_i})/2$ ；

③以更新后的上、下边界作为新的检索点，进行 NK-DSGE 模型的二次近似求解、仿真及福利计算；

④重复步骤②和步骤③，直至所有参数的检索空间缩小到 0.1 以内。

按照上述方法能够同时得到货币政策基准利率规则和货币供应量规则的局部最优解，反映了中央银行同时进行利率规则和货币供应规则调整时的局部最优方案。

表5-2和表5-3列示了耐心型家户、无耐心型家户、企业家部门及社会福利分别达到全局最优、局部最优的货币政策利率规则和货币供应量规则

---

① 若三维空间的检索格子数为 $10*10*10$ 个，那么对一种货币政策规则进行一次完整的福利计算（四个目标函数）大约需要 11 个小时。

② 诺塔尔彼得罗和西维耶罗（2015）利用格子搜索法得到了不同干预系数取值下的福利，并绘制了曲面图。从曲面图的结果来看，福利分布关于参数是平滑的；但是理论上最优福利函数关于参数是否平滑并不确定。从另一个方面来看，达纳尔（Dynare）利用数值算法计算 Optimal Simple Rule 时，初始值选择的不同会对最终的计算结果产生一定的影响，这意味目标函数可能并不是完全平滑的，局部均衡解不能必然保证是全局最优解。

的参数取值，针对每一种货币政策规则，表中还汇报了各类代表性经济主体的福利水平，以及加总的社会总福利水平。需要特别注意的是如前文所述，福利函数只提供了序数测度，因此可以通过比较某个特定代表性个体的福利在不同货币政策规则参数取值下的大小，寻找最优货币政策；但是，福利大小的具体数值，以及不同代表性个体间的福利比较是没有意义的。

首先考察表5-2中当货币供应量规则固定在当前水平时，福利最大化的货币政策基准利率调控规则如何设计。可以看出，无论是中央银行选择最大化耐心型家户福利、无耐心型家户福利、企业家部门福利或是社会福利，基准利率对实际产出缺口的干预系数均相对较小（检索空间下限），这与诺塔尔彼得罗和西维耶罗（2015）基于家户—企业家两部门的实验结果一致。同时，中央银行基准利率对通货膨胀率的干预系数也较大（等于或接近检索空间上限），这意味着治理通胀仍然是我国中央银行最大化各类经济主体及社会福利的重要任务。

基准利率对房地产市场定价非效率因素的干预系数在不同的福利最大化目标下存在较大差异。若中央银行以耐心型家户福利最大化作为货币政策调控的最终目标，那么基准利率对房地产定价非效率因素的干预系数为-0.4，这意味着中央银行的最优选择并不是对房价进行逆风向干预。由于固定的货币供应量规则已经对房价进行了逆风向调控，因此，小于零的利率干预系数意味着当前货币供应量对房价的逆风向干预力度过大，需要以基准利率来对冲部分干预力度来实现耐心型家户福利最大化。相比于耐心型家户最优的货币政策利率规则，当中央银行以无耐心家户福利最大化作为调控目标时，基准利率对房地产定价非效率因素的干预系数为-0.6，"顺风向"干预的力度更大。理解这一差异的关键在于：无耐心型家户作为资金借入方，其融资能力受房地产价格的影响，因此，当房地产价格出现上涨时，更宽松的基准利率政策能够缓解无耐心型家户的融资约束，提升福利水平。若中央银行以企业家部门福利最大化作为货币政策调控的目标，那么基准利率对房地产市场定价非效率因素的干预系数为0.6，意味着在给定现行货币供应量规则时，基准利率应当加强对房价的逆风向干预。

表5-2还汇报了当基准利率规则固定在现实水平时，福利最大化的货币供应量规则的相应参数。当中央银行以耐心型家户福利最大化为目标时，货

币供应量对产出缺口、通胀及房地产定价非效率因素的干预系数分别为 0.7、0.9 和 0。前两者大于贝叶斯估计得到的实际干预系数。若以无耐心型家户或企业家部门效用最大化作为货币政策调控目标，则三个干预系数均分别为 0.9、0.2 和 -0.8。货币供应量对房价的"顺风向"调整对冲掉现实中基准利率逆风向干预的部分效果，缓解了资金借入方的融资约束，提高了其福利水平。

最后，表 5 - 2 的最后两列分别列示了社会福利最大化的利率规则和货币供应量规则的参数取值和福利水平。总体上，社会福利最大化的货币政策调控规则是对前三种情形下的折中①，这从式（5 - 63）可以清楚地看到。

表 5 - 2　　　福利最大化的单一货币政策规则的全局最优解

	耐心型家户最优		无耐心家户最优		企业家最优		社会最优	
r_y	0.10000	—	0.10000	—	0.10000	—	0.10000	—
r_π	1.00000	—	1.00000	—	0.90000	—	1.00000	—
r_q	-0.40000	—	-0.60000	—	0.60000	—	0.40000	—
λ_y	—	0.70000	—	0.90000	—	0.90000	—	0.90000
λ_π	—	0.90000	—	0.20000	—	0.20000	—	0.20000
λ_q	—	0.00000	—	-0.80000	—	-0.80000	—	-0.80000
W_t^{PH}	-155.80300	-165.05400	-156.56300	-165.76300	-157.50000	-165.76300	-156.91900	-165.76300
W_t^{IMPH}	-61.22800	-62.17480	-60.86370	-61.64560	-60.97610	-61.64560	-60.94730	-61.64560
W_t^{E}	-136.70000	-137.97700	-136.61200	-137.64400	-136.14500	-137.64400	-136.18100	-137.64400
W_t	-6.12887	-6.27532	-6.12378	-6.25988	-6.12719	-6.25988	-6.12123	-6.25988

注：福利值为负数是因为模型将稳态产出、总的房地产资产存量标准化为1，从而各部门消费和房地产资产持有量均小于1，取自然对数后小于零。

资料来源：作者根据模型结果整理。

表 5 - 3 列示了同时搜索利率规则和货币供应量规则时得到的局部最优解

①　社会福利最大化的货币供应量规则看似与无耐心型家户、企业家部门福利最大化的货币供应量规则完全相同，这实际上受检索精度影响的结果。若进一步缩小每次检索的步长、提高检索精度，三者间的差异会自然显现，但是这会大大增加计算耗时。

（局部最优解的具体解释和算法见上文）。根据模型设定，基准利率和基础货币供应共同决定了信贷市场利率，而后者才是对经济系统产生影响的关键变量。重点关注货币政策工具对房地产定价非效率因素的干预系数，总体上可以发现：对耐心型家户而言，最优的基准利率规则和货币供应量规则都应对房价进行"顺风向"干预；对无耐心型家户而言，最优利率和货币供应量规则同样对房价进行"顺风向"干预，但力度较前者要小得多；而对企业家最优的货币政策则须对房价进行逆风向干预。

上述结论与诺塔尔彼得罗和西维耶罗（2015）的研究存在较大差异，他们利用借款人—贷款人两部门模型的福利分析发现，借款人明显偏好对通胀反应强烈的利率规则，希望央行降低价格扭曲造成的福利损失，而贷款人则偏好对房价进行顺风向干预的利率规则，希望通过缓解融资约束来提高福利水平；两者间存在显著的此消彼长的关系。但在本书的仿真结果中并没有出现这种明显的偏好关系，原因之一是引入的第三个部门使得经济关系大大复杂化，另外一个原因是部分参数的取值会显著影响福利分配的结果（特别是 α、m^e、m^h 等，下一节详述）。

最后，站在社会福利最大化的角度，我国中央银行最优基准利率规则和最优货币供应量规则见表 5-3 的最后一列。社会福利最大化的货币政策规则的仿真结果与诺塔尔彼得罗和西维耶罗（2015）存在类似之处：即对房价的反应是顺风向的。因此，按照贝叶斯参数估计的结果和 NK-DSGE 模型刻画的经济关系，当房地产价格上涨时，我国中央银行应该适当下调基准利率、增加基础货币供应，才能够使得各经济主体的加权福利最大化。显然，这是各部门福利最大化货币政策规则的折中方案。

表 5-3　　　　福利最大化货币政策规则的局部最优解

	耐心型家户最优	无耐心家户最优	企业家最优	社会最优
r_y	0.100000	0.159375	0.159375	0.10000
r_π	0.971875	0.971875	0.971875	1.00000
r_q	-0.875000	-0.125000	0.250000	-0.37500
λ_y	1.821875	0.575000	1.406250	0.39690

	耐心型家户最优	无耐心家户最优	企业家最优	社会最优
λ_π	0.775000	0.325000	0.437500	0.21250
λ_q	−0.937500	−0.312500	0.937500	0.93750
W_t^{PH}	**−155.670000**	−157.222000	−157.360000	−156.09860
W_t^{IMPH}	−61.056800	**−60.516000**	−60.521700	−60.60300
W_t^E	−136.744000	−135.853000	**−135.758000**	−136.11080
W_t	−6.123290	−6.104750	−6.104400	**−6.10130**

注：福利值为负数是因为模型将稳态产出、房地产资产总存量标准化为 1，从而各部门消费和房地产资产持有量均小于 1，取自然对数后小于零。

资料来源：作者根据模型结果整理。

5.3.3 货币政策目标分解与取舍的讨论

正如在文献回顾部分提到的，在标准的新凯恩斯主义模型和传统的弹性通胀目标制分析框架下，中央银行货币政策的目标是实际产出和通货膨胀率的稳定；使得实际产出和通胀率波动性的加权和最小的货币政策规则即为最优货币政策规则（史文森，1997）。因此，研究者常利用"货币政策有效前沿（monetary policy efficient frontier）"或"通胀—产出波动性前沿（inflation and output volatility frontier）"来进行最优货币政策分析和比较分析。货币政策有效前沿也被称为泰勒曲线（taylor Curve），刻画了货币政策通胀目标和产出目标的取舍。利用这一分析工具，我们可以简单地观察到传统意义上的最优货币政策规则与上节中社会福利最大化货币政策规则的差异。

绘制货币政策有效前沿需要计算使得目标损失函数 $L_t = \lambda \mathrm{var}(Y_t) + (1 - \lambda)\mathrm{var}(\pi_t)$ 最小化的基准利率规则和货币供应量规则。令 λ 在区间 $[0,2]$ 上取值，步长为 0.05，重复计算最优参数 $r_\pi, r_y, r_q, \lambda_\pi, \lambda_y, \lambda_q$，进行模型仿真得到各最优货币政策规则下的产出和通胀方差。同时，笔者还利用贝叶斯估计得到的我国现实货币政策规则、社会福利最大化的货币政策规则进行了仿真，得到这两种情形下的产出和通胀方差。

图 5-5 汇报了上述计算结果。可以看出，在货币政策有效前沿（泰勒曲线）上，通货膨胀率和产出波动表现出此消彼长的关系，因此传统的弹性通

胀目标制货币政策所实现的是在通胀波动和产出波动间的取舍。然而，现实中我国的货币政策规则和社会福利最大化货币政策规则下的产出—通胀波动分布并不在货币政策有效前沿上，这意味着：（1）即使站在传统的弹性通胀目标制框架的角度上，我国现行货币政策规则也不是最优的。（2）我国现行的货币政策规则与社会福利最大化货币政策规则间存在巨大差异。我国中央银行货币政策实践中更加关注减少产出波动，对应的通胀波动更大；而社会福利最大化的货币政策下能够实现更小的通货膨胀率波动，但牺牲了产出稳定性。（3）福利最大化的货币政策规则与传统弹性通胀目标制下最优货币政策规则存在明显差异，福利最大化货币政策规则并没有以通胀和产出作为全部稳定目标。

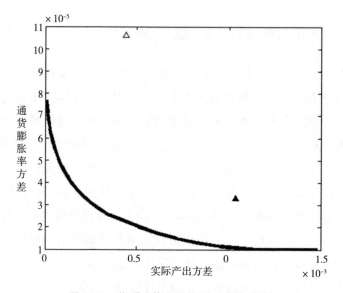

图 5 – 5 货币政策有效前沿（泰勒曲线）

注：图中曲线表示货币政策有效前沿，实心三角形标注了社会福利最大化货币政策下产出和通胀的模拟方差，空心三角形标注了贝叶斯估计得到的现实货币政策规则下产出和通胀的方差。

资料来源：作者根据实证结果绘制。

由上可知，社会福利最大化的货币政策与传统的产出、通胀波动最小化的货币政策存在差异，换言之，追求社会福利最大化的中央银行的货币政策调控目标可能不仅是通胀和产出稳定，因此有必要对社会福利最大化的货币政策目标进行深层次的解读。

如前所述，基于特博格和伍德福德（1997）提出的效用函数二次逼近方法，研究者能够清楚地看到中央银行货币政策需要稳定的对象，以及在不同目标间的取舍。因此，在最新的文献资料中，这一方法被广泛应用于分析金融摩擦存在情形下中央银行的货币政策决策（德菲奥雷等/De Fiore et al.，2011；卡尔斯特姆等/Carlstrom et al.，2010 等）。与安德烈（Andrés et al.，2013）、诺塔尔彼得罗和西维耶罗（2015）类似，本书构建的 NK-DSGE 模型纳入了融资约束形式的金融摩擦；但与他们不同的是，本书的模型中福利测算包含了多个部门（企业家部门和两个家户部门），且存在资本积累过程，因此很难得到社会总效用函数的二次型近似的简洁形式。

为了能够说明以社会福利最大化为目标的中央银行在进行货币政策决策时究竟如何取舍需要稳定的目标变量，不妨将本书中复杂的 NK-DSGE 模型进行简化，保留需要关注的核心机制，然后进行社会效用函数的二次近似和相关讨论。本书中，NK-DSGE 模型刻画的核心机制是：在信贷市场摩擦存在情形下，房地产资产在货币政策传导中所发挥的作用，具体表现为房地产价格波动影响借款人面临的融资约束。因此，不妨考虑以下简化模型：

（1）系统由家户、企业家、零售商和中央银行构成；

（2）家户的效用由消费、闲暇和持有房地产资产决定，企业家效用由消费决定，两者共同决定社会福利；

（3）家户扮演资金出借方，企业家扮演资金借入方，后者面临融资约束，最大融资额受持有房地产资产价值影响；

（4）企业家按照柯布道格拉斯形式产出函数，雇佣家户劳动结合持有房地产要素生产无差别的中间产品，批发给零售商部门；

（5）零售商加工分装为有差异的最终产品，在垄断竞争市场上向企业家部门和家户部门销售；

（6）中央银行按照扩展的泰勒规则和麦科勒姆规则针对通胀、产出缺口和房地产定价非效率因素进行干预。

上述模型与雅可维洛（2005）中所构造的基础模型类似，具体的结构方程系统在此不再赘述。可以看出，与本书完整的 NK-DSGE 模型相比，简化模型同样刻画了房地产对借款者融资约束的影响，但将涉及福利计算的部门缩减为两个，且没有考虑资本积累过程，这使得我们能够借鉴安德斯（Andrés et al.，2013）的研究，推导社会福利函数的二次近似形式。简化模型中社会总福利水平可以表示如下：

$$W_t^s = E_t \sum_{\tau=0}^{\infty} \beta^\tau \{ \varpi \left[\ln c^h{}_\tau + j_\tau \ln h_\tau - (L_\tau)^\eta / \eta \right] + (1 - \varpi) \ln c^e{}_\tau \} \quad (5-64)$$

式（5-64）中 ϖ 表示家户部门的数量，$1 - \varpi$ 表示企业家部门的数量，两者共同构成测度为 1 的消费者群体；c^h 和 c^e 分别表示两个部门的消费；其他参数定义同上。对式进行二次泰勒逼近，可得到如下形式：

$$W_t^s = - E_t \sum_{\tau=0}^{\infty} \beta^\tau L_\tau + t.i.p. + o^3 \quad (5-65)$$

$$L_\tau = \lambda_\pi \hat{\pi}_\tau{}^2 + \lambda_y (\hat{y}_\tau - \widehat{y^*}{}_\tau)^2 + \lambda_c (\hat{c}_\tau - \widehat{c^e}{}_\tau)^2 + \lambda_h (\hat{h}_\tau - \widehat{h^*}{}_\tau)^2$$

$$(5-66)$$

其中，L_t 为二次型的福利损失函数；$t.i.p.$ 归集了所有与货币政策无关的项目；o^3 表示三阶和其他高阶项；y^* 表示效率均衡[①]下的产出水平；h^* 表示效率均衡下家户部门持有的房地产。参数 λ_π、λ_y、λ_c 和 λ_h 分别定义如下：$\lambda_\pi \equiv \varepsilon\theta / \left[(1-\theta)(1-\beta\theta) \right]$、$\lambda_y \equiv (1+\varphi)/(1-\nu)$、$\lambda_c \equiv \varpi (1 - \varpi)$、$\lambda_h \equiv \varpi \vartheta (\varpi\vartheta + \beta\nu)/\beta\nu$。

从式（5-66）可以看出，若基于社会福利最大化来进行货币政策干预，则中央银行的调控目标可以分解四个稳定对象：

一是通货膨胀率。由卡尔沃定价规则引入的名义价格黏性使得市场上最终商品的价格存在非效率的差异，从而造成社会福利损失。因此中央银行须利用货币政策稳定一般物价水平。

二是产出缺口。这里的产出缺口不是实际产出与充分就业水平的潜在产出的差异，而是与效率均衡下产出水平间的缺口。根据安德斯（2013）的研究，效率均衡下产出水平的对数线性化形式为：$\widehat{y^*}{}_t \equiv \alpha_t + \nu \widehat{h^e}{}_{t-1}$。名义价格黏性的存在导致产出波动，从而引起劳动供给的非效率波动，而在拉姆齐最优

---

① 效率均衡区别于最优竞争性均衡，在各种市场扭曲存在的情况下，求解式最大化的拉姆齐（Ramsey）问题得到市场均衡即为效率均衡。由于扭曲的存在，央行货币政策调控目标不是最优竞争性均衡，而是效率均衡水平。

的效率均衡下劳动供给为常数，因此名义价格黏性会导致福利损失。产出缺口
稳定和通胀稳定是新凯恩斯主义模型中央银行货币政策调控的标准目标。

三是消费缺口。安德斯等（2013）将消费缺口（consumption gap）定义
为家户部门人均消费与企业家人均消费间的对数差异。由于家户部门在信贷
市场上承担资金出借方的角色，企业家部门为资金借入方，消费缺口因此反
映了最终消费品在借、贷双方间的配置情况。重要的是，资金借入方（企业
家部门）的融资约束会导致借贷双方风险分摊低效率，由此造成的社会福利
损失就由消费缺口所刻画。

四是房地产缺口。房地产缺口（housing gap）是指家户部门实际持有的
房地产资产与效率均衡假设下持有房地产的差额，后者为 $\widehat{h^*_t} \equiv \beta v z^h_t / (\varpi\,\theta + \beta v)$。由于模型假设了房地产总量固定，因此家户部门的房地产缺口实际上
也反映了房地产资产在家户（资金出借方）和企业家部门（资金借入方）间
的分配效率。实际分配方案与效率均衡下最优分配方案间的差额则可以解读
为：由房地产资产分配低效导致的社会福利损失。

注意，房地产缺口和消费缺口均是由融资约束形式的金融摩擦所造成的，
当房地产价格受外生冲击而下跌时，房地产作为抵押资产的抵押价值随之降
低；这会导致企业家部门（资金借入方）减少持有的房地产商品，降低消费，
从而使得房地产缺口和消费缺口上升，社会福利损失加大。

通过以上对社会福利函数的二次近似转换和目标分解，可以清楚地看到：
当金融摩擦存在时，房地产价格会通过融资约束的形式在货币政策传导的广
义信贷传导渠道中发挥作用；此时，基于经济主体效用函数追求社会福利最
大化的中央银行在制定货币政策决策时不仅需要考虑通货膨胀率、产出缺口
的稳定，还需要兼顾消费缺口和房地产缺口。因此，基于社会福利最大化的
货币政策很可能不在传统意义上的通胀——产出波动的货币政策有效前沿上。

基于雅可维洛（2005）的基础模型和安德斯等（2013）的社会福利函数
二次近似分解方法，我们可以清楚地理解社会福利最大化的货币政策规则与
传统货币政策规则出现差异的内在机理。事实上，就本书完整的三部门 NK-
DSGE 模型而言，中央银行在寻找福利最大化货币政策时所需要权衡取舍的目
标对象还要更复杂一些。与安德斯等（2013）相比，本书模型增加的无耐心
型家户部门既是资金借入方，其消费、劳动决策决定的效用水平受房地产价

格波动的间接影响；同时其持有的房地产资产还会直接影响效用水平。而与鲁维奥（2011）相比，虽然都纳入了两种形式的家户部门，但本书模型中房地产商品同时还是企业家部门的生产要素之一，效率均衡下的最优房地产资产持有量也更复杂。尽管如此，可以肯定的是根据本书构造的 NK-DSGE 模型，福利最大化的货币政策不仅需要像传统货币政策一样稳定通胀和产出缺口，还需要在消费缺口、房地产缺口等其他目标间进行取舍。

5.4 市场结构、货币政策与社会福利的拓展分析

上文分析了以福利最大化为调控目标的中央银行如何设计针对通货膨胀率、产出缺口以及房地产定价非效率因素干预的最优货币政策规则，在分析过程中可以清楚地看到，以融资约束为主要形式的金融摩擦和房地产价格波动会影响社会福利和最优货币政策选择，同时，以社会福利最大化为目标的中央银行在选择货币政策规则时本质上是在权衡各类经济主体间的福利分配。因此，本节将基于仿真来进一步分析贷款抵押价值比和借、贷两类家户的结构对社会福利和货币政策选择的影响。

5.4.1 贷款抵押价值比对社会福利和最优货币政策选择的影响

在本书的 NK-DSGE 模型中，参数 m^e 和 m^h 分别代表了企业家部门和无耐心型家户借款的债务——抵押价值比（loan to value ratio，LTV），刻画信息不对称条件下的融资约束程度。根据诺塔尔彼得罗和西维耶罗（2015）的研究成果，以及比较本书与他们结论的差异，可以发现 LTV 参数对社会福利的分配以及央行最优货币政策的选择有着显著的影响。

由于社会福利最大化的货币政策规则是对耐心型家户、无耐心型家户和企业家部门各自最优货币政策的折中，这里首先考察在上节得到的社会福利最大化货币政策规则（$r_\pi = 1$、$r_y = 0.1$、$r_q = -0.0625$、$\lambda_y = 0.396875$、$\lambda_\pi = 0.325$、$\lambda_q = -0.3125$）下，不同的 LTV 参数对各部门福利水平的影响。以步长 0.01 分别对 m^e 和 m^h 在区间 [0.5,0.9] 内取值时的 NK-DSGE 模型进行求解和仿真，随后按照公式至计算各部门福利和社会福利，结果绘制在图 5-6 和图 5-7 中。

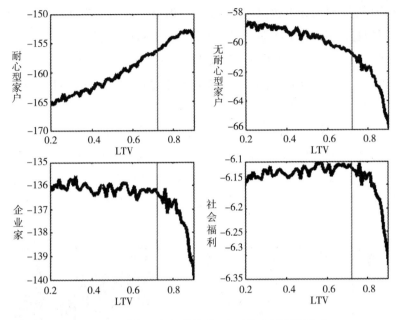

图 5 - 6　贷款—抵押价值比 m^h 对社会福利的影响

注：图中较粗曲线描绘了各口径下福利与参数 m^h 的关系；较细的竖直线表示 m^h = 0.7228，为 NK-DSGE 模型的贝叶斯估计结果，仿真使用的福利最大化货币政策正是基于这一参数取值。

资料来源：作者根据模型结果绘制。

图 5 - 6 描绘了无耐心型家户的 LTV 对各部门及社会福利的影响。总体上看，将货币政策规则固定后，无耐心型家户 LTV 越高，则耐心型家户福利越高，无耐心型家户、企业家部门以及社会福利越低。注意，用于仿真的货币政策规则是无耐心型家户 LTV 为 0.7228（图中竖线所示水平）时的社会福利最大化货币政策，因此可以清楚地看到在 m^h = 0.7228 两侧，各部门及社会福利水平的变化显著不同。在 m^h < 0.7228 时，社会福利基本维持在稳定水平，仅仅是福利在耐心型家户、无耐心型家户和企业家部门配置比例发生变化。而当 m^h > 0.7228 时，随着 LTV 的进一步增大，耐心型家户的福利水平变化减缓，无耐心型家户和企业家部门的福利水平出现大幅下滑，导致社会总福利水平也大幅下降。其背后的原因在于，LTV 越大，则借款人（无耐心型家户）在遭受

同等大小的外生冲击时能够获得更多信贷资金，其决策对整个实体经济波动性的影响作用更大诺塔尔彼得罗和西维耶罗（2015），$m^h = 0.7969$ 时的最优货币政策已不足以稳定更大的 LTV 所导致的经济波动，从而形成福利损失。

图 5 - 7 图 5 - 6 描绘了企业家部门的 LTV 对各部门及社会福利的影响。总体上来看，企业家部门的 LTV 变化对各部门和社会福利影响的总体走势与图 5 - 6 无耐心型家户情况一致。但是，随着企业家部门 LTV 的变化，无耐心型家户和企业家部门的福利波动更大。仿真使用的货币政策规则所隐含的企业家部门 LTV 为 0.7969；当 $m^e > 0.7969$ 时，耐心型家户的福利增大速度减缓，无耐心型家户和企业家部门的福利下降幅度更大，因此社会福利也随着 m^e 的继续增大而下降。内在原因与无耐心型家户情况相似，在此不再赘述。

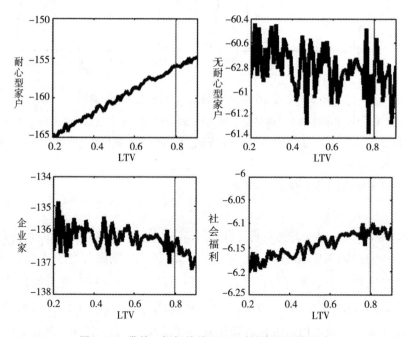

图 5 - 7　贷款—抵押价值比 m^e 对社会福利的影响

注：图中较粗曲线描绘了各口径下福利与参数 m^e 的关系；较细的竖直线表示 $m^e = 0.7969$，为 NK-DSGE 模型的贝叶斯估计结果，仿真使用的福利最大化货币政策正是基于这一参数取值。

资料来源：作者根据模型结果绘制。

由以上可以看出，LTV 对社会福利的确存在较大影响，但这种影响并非线性或单调，因此 LTV 对福利最大化货币政策规则的影响也相应比较复杂。表 5 - 4 列示了不同 m^e 和 m^h 取值下的社会福利最大化货币政策规则和对应的各部门及社会福利。

表 5 - 4　贷款—抵押价值比与社会福利最大化货币政策规则

m^e/m^h	r_y	r_π	r_q	λ_y	λ_π	λ_q	W^{PH}	W^{IMPH}	W^E	W
Panel A. m^e										
0.500	0.100	1.000	- 0.063	0.397	0.325	- 0.313	- 160.637	- 60.445	- 135.403	- 6.128
0.600	0.100	1.000	- 0.188	1.228	0.269	0.000	- 159.314	- 60.508	- 135.554	- 6.119
0.700	0.100	1.000	- 0.188	1.228	0.184	- 0.875	- 157.686	- 60.537	- 135.660	- 6.106
0.800	0.159	1.000	- 0.125	1.763	0.775	0.750	- 157.116	- 60.456	- 135.770	- 6.100
0.900	0.100	0.944	- 0.188	1.406	0.916	- 0.250	- 154.838	- 60.676	- 136.285	- 6.094
Panel B. m^h										
0.500	0.100	0.972	0.125	1.347	0.409	1.000	- 161.214	- 59.158	- 135.563	- 6.098
0.600	0.100	1.000	- 0.250	1.169	0.269	0.000	- 158.496	- 59.924	- 135.796	- 6.099
0.700	0.100	1.000	- 0.063	1.228	0.128	- 0.875	- 156.935	- 60.367	- 135.832	- 6.097
0.800	0.159	1.000	- 0.125	1.763	0.775	0.750	- 155.241	- 61.302	- 136.064	- 6.113
0.900	1.109	1.000	0.813	0.397	0.972	0.563	- 157.657	- 63.381	- 137.199	- 6.222

　　注：Panel A. 汇报了不同 m^e 取值下的最优货币政策规则和对应的福利；Panel B. 汇报了不同 m^h 取值下的最优货币政策规则和对应的福利。

　　资料来源：作者根据模型结果整理。

　　整体上看，与固定货币政策规则相比，根据不同 m^e 和 m^h 设计货币政策规则能够实现更大的部门福利和社会福利。但是，随着 m^e 和 m^h 的变化，具体的最优货币政策规则参数并没有表现出简单的一一对应关系，其原因可能是多方面的：首先，基准利率和基础货币供应量共同影响信贷市场利率，因此对应于最优的信贷市场利率，中央银行两种货币政策规则的搭配方案是多样化的，从而导致参数变化不连续。其次，随着 LTV 的升高，房地产价格、信贷活动对整个经济的影响会变大；按照清泷和摩尔（1997）的研究，信贷活动的周期性波动会影响并放大实体经济波动。再次，LTV 的变化直接影响借款人的融资总额，一方面缓解了预算约束，另一方面也使其更多地暴露在通胀和利率波动风险中；而货币政策须在缓解融资约束和平抑价格波动等目标间进行取舍。最后，无耐心型家户和企业家虽然都是借款人，但 LTV 的变化对其福利的影响是不同的；对前者而言房地产价格和 LTV 变化不仅影响其借款能力、消费，同时也通过影响房地产资产持有量而作用于福利，而对后者而言，则会影响投资决策和劳动力需求，最终通过消费反映到福利中。

5.4.2　存贷结构对社会福利和最优货币政策选择的影响

由于社会福利是各部门代表性经济主体福利水平的加总，社会福利最大化的货币政策规则也是对各部门福利的权衡和取舍，因此，部门的相对构成比例显然会影响福利最大化货币政策的选择。信贷市场的借贷主体包括耐心型家户、无耐心型家户和企业家部门，前者充当了资金出借方角色，后两者为资金借入方。本节主要分析资金出借方的经济规模对社会福利和最优货币政策选择的影响。

在本书的 NK-DSGE 模型中，企业家按照柯布道格拉斯函数形式的生产技术将资本、房地产资产、耐心型家户和无耐心型家户提供的劳动转化为中间产品。生产函数 $Y_t = A_t K_{t-1}^{\mu} h_{t-1}^{v} L_t'^{\alpha(1-\mu-v)} L_t''^{(1-\alpha)(1-\mu-v)}$ 中，参数 α 是耐心型家户（资金出借方）劳动的产出弹性系数，同时也反映了耐心型家户的劳动收入占总产出的比重，即耐心型家户的经济规模。此外，α 衡量了整个家户部门的存贷结构，α 越大，则家户部门中存款家户的经济规模越大，贷款家户的经济规模越小。借助仿真容易得到耐心型家户比例与社会福利的关系。

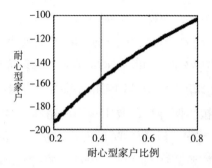
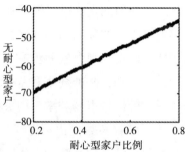

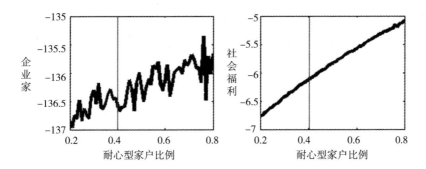

图5-8　耐心型家户比例（存款家户规模）对社会福利的影响

注：图中较粗曲线描绘了各口径下福利与参数 α 的关系；较细的竖直线表示 $\alpha =$ 0.4017，为 NK-DSGE 模型的贝叶斯估计结果，仿真使用的福利最大化货币政策正是基于这一参数取值。

资料来源：作者根据模型结果绘制。

图5-8描绘了货币政策不变、耐心型家户比例 α 在 [0.2, 0.8] 上取值时，各部门和社会福利的变化。从图5-8可以看出，α 越大，即存款类家户的相对经济规模越大，则各部门和社会福利越大。当耐心型家户的比例越大时，其劳动产出弹性越大，在社会总产出中分享的份额也越大。由于耐心型家户作为资金出借方，不受融资约束的影响，其经济规模的增大使其能够更多地消费最终商品，购买房地产资产。在房地产资产总量一定的假设下，有效推动了房地产价格的上升，这对无耐心家户和企业家的抵押融资能力形成了正反两方面的影响：一方面能够持有的房地产数量减少，另一方面持有房地产的单位价值增加。而从仿真的结果来看，总体上仍然提高了无耐心家户和企业家的借款，一定程度缓解了融资约束，造成福利水平的上升。从图5-8中也能看到，虽然无耐心型家户和企业家均是资金借入方，但前者的福利水平上升更快。这主要是因为耐心型家户的产出弹性更高，则该部门的劳动供给也越多，导致无耐心家户的闲暇大大增加，增加了其福利。

同样利用前文中的端点检索和压缩空间的方法，可得到不同耐心型家户比例下社会福利最大化货币政策规则的局部最优解。同样，由于基准利率和基础货币供应量共同决定了信贷市场利率，单一的货币政策规则的最优解并没有表现出关于 α 线性递增或递减的特征。但是可以注意到，当家户部门中存款类家户比例较低时（例如 $\alpha = 0.2$），基准利率规则对房地产资产定价非效率因素的干预系数为负，且干预力度很大。此时，由于耐心型家户的经济规模较小，房地产价格相对较低，无耐心型家户和企业家的融资能力收到较大制约，因此中央银行的主要任务是缓解资金借入方的融资约束，选择通过"顺风向"干预提高房地产资产价格。而当耐心型家户比例较高（例如 $\alpha = 0.7/0.8$ 时），资金借入方的融资约束已经得到缓解，此时中央银行货币政策调控的主要目标是维持经济稳定，故而无论是基准利率规则还是货币供应量规则均对房地产资产定价非效率因素进行逆风向干预。

表 5-5　耐心型家户比例（存款家户规模）与社会福利最大化货币政策规则

α	r_y	r_π	r_q	λ_y	λ_π	λ_q	W^{PH}	W^{IMPH}	W^E	W
0.2	0.100	0.972	-1.000	0.872	0.381	0.250	-193.477	-69.477	-136.567	-6.750
0.3	0.100	1.000	-0.750	1.169	0.494	0.000	-173.532	-65.166	-136.465	-6.420
0.4	0.100	1.000	-0.063	1.228	0.128	-0.875	-156.669	-60.647	-135.904	-6.104
0.5	0.159	1.000	0.125	1.288	0.775	-0.250	-141.374	-56.241	-135.373	-5.808
0.6	0.100	0.944	0.313	0.456	0.916	-0.375	-126.776	-52.181	-135.138	-5.536
0.7	0.100	0.916	0.625	0.931	0.888	0.813	-114.616	-48.231	-134.989	-5.293
0.8	0.100	0.944	0.375	0.338	0.522	0.250	-103.507	-44.175	-134.883	-5.058

资料来源：作者根据模型结果整理。

从以上可以看出，贷款抵押价值比和家户部门存贷结构对社会福利和社会福利最大化的货币政策规则选择有显著影响。而当中央银行并用基准利率和基础货币供应量两种政策工具时，其货币政策调控方向和力度的选择是比较复杂的。中央银行需要在缓解融资约束和维持经济稳定方面进行取舍，也要在多个经济部门福利间进行权衡。

值得注意的是，本节的研究为货币政策与产业政策或其他行政干预政策的配合提供了参考。例如，房地产调控中最常见的抵押按揭购房首付款比例本质上就反映了贷款抵押价值比，又如关于商业银行贷存比的要求在抽象掉金融机构的中介作用后也一定程度反映了家户部门的存贷结构；而根据本节的研究结论，这些政策都会影响社会福利以及最优的货币政策规则选择。因此，中央银行在进行货币政策调控时，有必要综合考虑其他调控政策的影响，来实现最优的货币政策干预。

5.5 本章小结

第 4 章证实了我国中央银行在其货币政策调控实践中的确对房地产资产定价非效率因素进行了货币政策干预，这符合第 3 章提出的央行损失最小化货币政策规则的基本形式。本章则从社会福利的角度研究了如何选择社会福利最大化的货币政策规则，以及一些市场结构特征如何影响社会福利和最优货币政策规则的选择，从而与前两章构成货币政策研究的完整体系。

在结构安排上，本章首先对第 4 章中的 NK-DSGE 模型进行了必要的调整，得到福利分析所必需的递归形式的 NK-Philips 曲线和非线性均衡方程系统，并对模型刻画的货币政策传导机制和对外生冲击的动态调整特征进行了必要的分析；随后引入基于代表性经济主体效用函数的福利度量方法，利用仿真、格子检索、端点检索和空间压缩的技术手段，得到了中央银行单独调整利率规则或货币供应量规则的全局最优方案，以及同时调整利率规则和货币供应量规则的局部最优方案，并对央行货币政策目标的分解和取舍进行了必要讨论；在此基础上，拓展分析了贷款抵押价值比和家户存贷结构两种市场结构特征对福利的影响，以及对社会福利最大化货币政策规则选择的影响。

在结论方面，第一，本章基于对 NK-DSGE 模型参数的估计值得到了我国央行单独调整利率规则或货币供应量规则的全局最优方案，以及同时调整利率规则和货币供应量规则的局部最优方案。第二，本章发现我国中央银行目前执行的货币政策规则与福利最大化货币政策规则存在较大差异；且福利最大化货币政策与传统的弹性通胀目标制货币政策也不同。通胀和产出稳定不是福利最大化货币政策的唯一目标，房地产缺口稳定、消费稳定等其他因素也是福利最大化货币政策必须权衡的调控目标。第三，贷款抵押价值比和家户存贷结构对社会福利也有显著影响，中央银行需要根据不同的贷款抵押价值比和家户存贷结构在缓解融资约束和维持经济稳定方面进行取舍、在多个经济部门福利间进行权衡，从而实现社会福利最大化目标。

本章的创新和贡献体现在：在将房地产资产定价非效率因素纳入货币政

策规则后，基于对 NK-DSGE 模型的仿真，利用格子检索和端点检索和空间压缩的技术手段，得到了福利最大化的基准利率规则和货币供应量规则的具体形式，为央行进行单一货币政策调整或同时进行基准利率和货币供应量调整提供了决策依据。而在技术上，文章提出的端点检索和空间压缩方法能够在一定程度上解决最优货币政策规则检索中常见的"维度灾难"问题，大大缩减了计算量，为研究者在分析此类问题时提供了一种备选思路。

本章的研究尚存在以下不足：第一，由于模型设定的复杂性，在二次逼近社会福利函数、分解央行货币政策调控目标时不得不借鉴安德斯等（2013）的研究进行简化处理，未能对完整模型进行准确的分析，有可能不能完全揭示央行货币政策的稳定目标和取舍关系。第二，虽然文中提出的端点检索和空间压缩方法在求解局部最优解时具有相当的便利和优势，但是和目前大部分最优化数值算法的共同缺陷一样，尚不能从理论上保证局部最优解和全局最优解的一致性，这在应用研究结论时必须有清楚的认识。

第 **6** 章
结论与展望

由美国房地产次级贷款危机诱发的全球金融危机对传统的弹性通胀目标制货币政策提出了严峻挑战，仅针对反映实体经济预期的资产价格波动进行干预的货币政策可能会"善意忽略"资产价格波动，造成资产价格泡沫累积和金融失衡风险。因此，当资产价格波动与实体经济出现背离时，货币政策如何应对资产价格波动中不能被实体经济预期所解释的部分，即资产价格中包含的定价非效率因素，成为本轮金融危机后货币政策研究者需要重新审视的课题。基于此，本书从中国的经济现实和货币政策实践出发，综合使用经济学的实证分析和规范分析、统计计量与数理推导、静态分析与动态分析、局部均衡和一般均衡分析等方法，尝试回答以下三个问题：我国中央银行是否应该对房地产资产定价非效率因素进行货币政策干预？我国中央银行在其货币政策实践中是否主动对房地产资产定价非效率因素进行了干预？以及以社会福利最大化为目标，我国中央银行应当如何选择最优的货币政策调控规则？根据前述章节对这些问题的深入研究，本章对主要的研究结论、政策含义、研究不足等进行如下总结性陈述。

6.1 基本结论与政策含义

6.1.1 基本结论

本书的主要研究结论有以下三点：

第一，通过理论分析、实证分析和数值模拟分析，论证了中央银行针对房地产定价非效率因素进行货币政策干预的理论和现实必要性。基于二次型中央银行损失函数和 IS-Philips-KM 框架求解中央银行损失最小化的最优货币政策规则，通过数理推导和分析发现：房地产资产定价的非效率因素是引起最优货币政策干预的重要原因；当房地产价格波动偏离了由通胀和产出缺口预期所决定的内在价值水平时，中央银行的最优货币政策规则应当对房地产资产定价非效率因素予以干预。随后，利用我国宏观经济数据，基于联立方程系统的全信息 GMM 估计方法得到 IS-Philips-KM 框架的参数，结果发现：房地产资产定价非效率因素是影响我国房地产价格波动的显著因素；因此，按照中央银行损失最小化的货币政策规则，我国中央银行应当对房地产资产定价非效率因素进行货币政策干预。在此基础上，通过对最优货币政策规则和 IS-Philips-KM 框架构成的经济系统进行全样本模拟和断代模拟后发现：我国中央银行针对通胀、实际产出缺口及房地产价格缺口中定价非效率因素进行货币政策干预能够有效平抑经济波动，取得比现实情况和传统货币政策干预模式更好的调控效果。

第二，基于对 NK-DSGE 模型的贝叶斯估计和贝叶斯后验胜率比较，证实我国中央银行在其货币政策实践中的确主动对房地产资产定价非效率因素进行了干预。通过对单一货币政策方程的 GMM 估计和联立方程系统的 FIML-VAR 估计，指出传统时间序列计量方法在估计货币政策规则时面临的内生性难题和小样本困境。随后构建了一个新凯恩斯动态随机一般均衡分析框架，纳入了房地产资产和金融摩擦等因素；得到了中央银行针对房地产价格缺口进行干预和中央银行针对房地产资产定价非效率因素进行干预的一组两个可比的 NK-DSGE 模型；并利用贝叶斯方法分别估计两个模型，同时得到基准利率调控规则和货币供应量调控规则的估计值。随后利用对数边际密度计算两模型的贝叶斯后验胜率，进行模型比较后发现：无论先验概率如何设置，针对房地产资产定价非效率因素进行干预的 NK-DSGE 模型的后验胜率均接近于 1，意味着我国中央银行的确对房地产资产定价非效率因素进行了货币政策干预，符合央行损失最小化货币政策规则的形式要求。

第三，基于纳入对房地产资产定价非效率因素进行干预的货币政策规则的 NK-DSGE 模型，利用仿真和检索方法得到福利最大化的货币政策规则。通过将 NK-Philips 曲线写成一组递归形式的方程，得到可用于福利分析的非线性 NK-DSGE 模型均衡方程系统；利用仿真分析了模型所刻画的货币政策传导机制和外生冲击下关键宏观经济变量的动态调整特征。随后引入基于代表性经济主体效用函数的福利度量方法，利用仿真、格子检索、端点检索和空间压缩的技术手段，得到了中央银行单独调整利率规则或货币供应量规则的全局最优方案，以及同时调整利率规则和货币供应量规则的局部最优方案。研究发现：福利最大化的货币政策规则与我国中央银行目前实施的货币政策规则、传统的央行损失最小化的货币政策规则皆存在一定差异；福利最大化货币政策规则是中央银行在稳定通胀、产出缺口、消费缺口以及房地产缺口等目标间权衡和取舍的结果。随后，通过拓展分析贷款抵押价值比和家户存贷结构两种市场结构特征对福利及社会福利最大化货币政策规则选择的影响，指出我国中央银行在制定货币政策规则时须综合考虑其他调控政策的影响。

6.1.2 政策含义

以上研究结论是根据宏观经济学研究的一般范式，结合我国宏观经济数据得到的，对于指导我国中央银行货币政策实践具有一定的借鉴意义。从基本结论来看，中央银行应当对房地产资产定价非效率因素进行货币政策干预，这看似与传统的弹性通胀目标制货币政策所要求的针对资产价格波动反映了通胀和产出预期进行干预完全相反。

但是应当注意到，本书研究的基础仍然建立在弹性通胀目标制框架之下。根据史文森（2009）的研究，弹性通胀目标制本身仍不失为货币政策研究的科学范式，但是对于货币政策传导机制的认识需要更新，特别是资产价格在当中所发挥的作用。在本书中，房地产价格中不仅包含了反映经济预期的成分（同时也是资产定价模型决定的内在价值），也包含了定价非效率成分，且后者在传导外生冲击和货币政策时也发挥了同等重要的角色。因此，本书的结论并非是对弹性通胀目标制的全盘否定，而是丰富了资产价格影响最优货币政策调控规则的认识。对于我国中央银行而言，在过去20年，里货币政策对房地产资产定价非效率因素进行主动干预，某种程度上可以认为这是保障我国经济长期平稳发展、有效规避了系统性金融危机的重要原因之一。对于未来的货币政策实践和货币政策研究，本书的研究结论提供了以下三点启示：

第一，我国中央银行应当继续对房地产资产价格定价非效率因素进行货币政策干预。这种干预模式的首要目的并不是纠正房地产资产价格定价错误，而是实现宏观经济稳定，这从本书第3章基于弹性通胀目标制框架的分析容易看出。针对房地产定价非效率因素进行调控，和长期处于争论中的针对资产价格泡沫进行调控有着相似之处。根据格林斯潘（2004）的研究，货币政策干预资产价格泡沫最大的困难在于无法有效界定资产的内在价值和泡沫成分。类似地，界定房地产资产价格中的效率成分和非效率成分同样是中央银行货币政策实践中的难题。然而，本书中对房地产资产定价非效率因素的定义提出了另外一种思路：房地产资产定价非效率不仅是资产价格偏离内在价值的成分，也是房地产价格波动与实体经济预期不一致的度量。这意味着，当房地产价格变化与实体经济预期出现较大背离时，就需要引起中央银行的格外重视，而不必过多执着于房地产资产内在价值的度量。

第二，在考察货币政策调控效果和设计最优货币政策规则时，应当从全局的角度进行分析，而不能拘泥于局部。通过本书的研究，有两点值得注意：一是现阶段我国中央银行综合使用基准利率和货币供应量两种调控工具，任何割裂地估计、评价、设计某一种货币政策规则都有可能出现偏误。二是，通过文中货币政策前沿的分析可以看出，从简化的中央央行损失函数出发求解最优货币政策规则和从NK-DSGE模型出发选择最优货币政策规则是存在一定差异的，这是因为后者基于纳入金融摩擦的一般均衡分析框架，更加全面地考虑了经济变量间的内在正反馈机制。

第三，从社会福利出发设计最优货币政策规则，而不是简单地从通胀和产出稳定出发。从社会福利出发设计最优货币政策规则已经成为当前货币政策研究领域的主流选择，大量的研究（包括本书）证实，当经济存在名义价格黏性之外的市场扭曲形式时，福利最大化和通胀、产出稳定是不等价的。而在实际经济中，融资约束、实际工资刚性等诸多形式的市场摩擦是客观存在的，这就要求中央银行在制定货币政策规则时必须从社会福利出发。

第四，货币政策应当与其他产业政策或行政干预政策配合。文中关于贷款抵押价值比和家户存贷结构对社会福利和货币政策选择影响的研究结论揭示，类似房地产按揭抵押贷款首付款比例、商业银行贷存比要求等调控政策会直接影响最优货币政策规则的选择。当然，在实际经济中还有大量其他影响市场结构的调控政策会对社会福利造成影响，这就要求中央在制定货币政策规则时，必须综合考虑其他调控政策的影响。

6.2 研究不足与展望

由于作者学力所限，本书的研究中不免存在一些缺漏和不足。

第一，在 NK-DSGE 模型的设定上，出于技术上的考虑，作者引入房地产资产定价非效率因素时，仅利用房地产价格缺口的一阶差分刻画了由市场参与者预期、情绪及投机行为造成的房地产价格对内在基本面价值的偏离，将由市场不完善而造成的随机价格扰动 μ_t 对货币政策工具的影响归入了货币政策冲击之中。尽管市场预期、情绪及投机行为是引起房地产定价非效率的最主要原因，且市场不完善造成的价格扰动只是独立同分布的零均值高斯噪声，但理论上后者也属于房地产价格波动中的非效率成分，因此，这一部分的缺漏一定程度上会降低结论的准确性，在后续的研究中还须将其纳入考虑。

第二，在利用诺特博格和伍德福德（1997）、伍德福德（2003）提出的效用函数二次逼近方法对 NK-DSGE 模型下的社会福利函数进行近似时，由于社会福利涉及的部门较多，很难将其近似为全部由二次项构成的形式。因此，在文中作者借鉴安德烈等（2013）的研究对模型进行了简化处理。简化后的两部门模型很容易利用效率均衡来分解社会福利目标函数，将中央银行货币政策目标解读为在稳定通胀、产出缺口、消费缺口和房地产缺口间的取舍。尽管简化模型基本反映了完整模型的主要特征，但是仍可能有所缺漏，因此在后续的研究中还须进一步完善。

此外，在技术上，作者提出通过端点检索和空间压缩的方法搜寻福利最大化的货币政策规则。这一方法对于缓解货币政策检索中的"维度灾难"比较有效，大大缩小了高维搜索的计算量和计算时间，但是只能得到局部最优的货币政策规则。然而，和目前大部分最优化数值算法的共同缺陷一样，局部最优解和全局最优解的一致性往往得不到保证。就本书研究的问题而言，诺塔尔彼得罗和西维耶罗（2015）借助单一货币政策规则格子搜索的结果绘制了社会福利和货币政策参数的曲面图，从图像上局部最优和全局最优一致，但是理论上是否满足这一关系还需要进一步的研究。

除了上述不足之处需要进一步研究之外，可以预见，未来这一领域内最重要的进展可能会来自以下两个方面：一是将金融稳定因素纳入中央银行的货币政策考虑范围，这里指的并不仅仅是简单地将房地产价格或其他重要资产价格因素放置在货币政策规则方程中，更重要的是通过全面考察金融因素对货币政策传导机制的影响，来建立资产价格波动与最优货币政策的复杂联系。另一方面是研究货币政策调控与金融监管、宏观审慎调控的协同作用。从目前全球范围内中央银行的货币政策实践和相关研究成果来看，仅凭借货币政策干预是很难有效防止金融失衡，且简单的流动性监管要求、市场准入监管起到的风险控制作用也非常有限；因此将货币政策与金融监管、宏观审慎调控有机地结合起来，对于防范金融危机具有重大意义。从最新的文献资料来看，上述两个领域均已出现了一些探索性的研究成果。

附　录
NK-DSGE 模型的稳态

　　根据雅可维洛（2005），总可以通过缩放技术冲击 A 的大小来使得总产出 $Y = 1$，因此求稳态的一个重要技巧就是尽量将其他变量的稳态值表示成实际产出稳态值的比例。依据之一方法，非线性 NK-DSGE 模型主要内生变量的稳态条件可以表述如下：

$$\pi = \pi^{target} \tag{7-1}$$

$$R = \pi / \beta \tag{7-2}$$

$$R^{of} = R \tag{7-3}$$

$$\lambda = (\beta - \gamma) / (c\pi) \tag{7-4}$$

$$\lambda^{''} = (\beta - \beta^{''}) / (\pi c^{''}) \tag{7-5}$$

$$X = \varepsilon / (\varepsilon - 1) \tag{7-6}$$

$$F = Y^f - \frac{1}{X} Y \tag{7-7}$$

$$K = \frac{\gamma\mu}{1 - \gamma(1 - \delta)} \frac{1}{X} Y \overset{def}{=} \xi_1 Y \tag{7-8}$$

$$I = \delta K \tag{7-9}$$

$$L' = \left[\frac{\alpha(1 - \mu - \nu) Y}{c' X} \right]^{1/\eta} \tag{7-10}$$

$$L^{''} = \left[\frac{(1 - \alpha)(1 - \mu - \nu) Y}{c^{''} X} \right]^{1/\eta} \tag{7-11}$$

$$\pi^* = \left[(1 - \theta\pi^{\varepsilon-1}) / (1 - \theta) \right]^{1/(1-\varepsilon)} \tag{7-12}$$

$$vp = \frac{(1 - \theta)\pi^{*-\varepsilon}}{1 - \theta\pi^{\varepsilon}} \tag{7-13}$$

$$q = \frac{\gamma\nu}{1 - \gamma - (\beta - \gamma) m^e} \frac{1}{X} Y \overset{def}{=} \xi_2 Y \tag{7-14}$$

$$q = \frac{j}{1 - \beta} \frac{c'}{h'} \overset{def}{=} \xi_3 \frac{c'}{h'} \tag{7-15}$$

$$q = \frac{j}{1 - \beta^{''} - m^h(\beta - \beta^{''})} \frac{c^{''}}{h^{''}} \overset{def}{=} \xi_4 \frac{c^{''}}{h^{''}} \tag{7-16}$$

$$b = \beta m^e q h \tag{7-17}$$

$$b^{''} = \beta m^h q h^{''} \tag{7-18}$$

$$c = \left[\frac{\mu + \nu}{X} - \delta\xi_1 - (1 - \beta)m^e\xi_2\right]Y \overset{def}{=} \xi_5 Y \tag{7-19}$$

$$c^{''} = \frac{s^{''}}{1 + (1 - \beta)m^h\xi_4} Y \overset{def}{=} \xi_6 Y \tag{7-20}$$

$$c' = \left[s' + (1 - \beta)(m^e\xi_2 + m^h\xi_4\xi_6)\right]Y \overset{def}{=} \xi_7 Y \tag{7-21}$$

$$h = \frac{\xi_2}{\xi_3\xi_7 + \xi_4\xi_6 + \xi_2} \tag{7-22}$$

$$h' = \frac{\xi_3\xi_7}{\xi_3\xi_7 + \xi_4\xi_6 + \xi_2} \tag{7-23}$$

$$h^{''} = \frac{\xi_4\xi_6}{\xi_3\xi_7 + \xi_4\xi_6 + \xi_2} \tag{7-24}$$

$$g_1 = Y^f / [X(1 - \beta\theta\pi^\varepsilon)] \tag{7-25}$$

$$g_2 = \varepsilon g_1 / (\varepsilon - 1) \tag{7-26}$$

$$m' = \chi / \left| \frac{1}{c'_t} - \frac{\beta}{E_t(\pi_{t+1}c'_{t+1})} \right| \tag{7-27}$$

$$m^{''} = \chi / \left| \frac{1}{c^{''}_t} - \frac{\beta^{''}}{E_t(\pi_{t+1}c^{''}_{t+1})} \right| \tag{7-28}$$

$$m = m' + m^{''} = \chi / \left(\frac{1}{c'_t} - \frac{\beta}{E_t(\pi_{t+1}c'_{t+1})}\right) + \chi / \left(\frac{1}{c^{''}_t} - \frac{\beta^{''}}{E_t(\pi_{t+1}c^{''}_{t+1})}\right) \tag{7-29}$$

式中，$s' = [\alpha(1 - \mu - \nu) + X/vp - 1]/X$，$s^{''} = (1 - \alpha)(1 - \mu - \nu)/X$。

参考文献

［1］卞志村，孙慧智，曹媛媛．金融形势指数与货币政策反应函数在中国的实证检验［J］．金融研究，2012，（08）：44－55.

［2］陈继勇，袁威，肖卫国．流动性、资产价格波动的隐含信息和货币政策选择——基于中国股票市场与房地产市场的实证分析［J］．经济研究，2013，（11）：43－55.

［3］陈利锋．非平滑工资调整、失业波动与货币政策［J］．经济科学，2014，（05）：5－20.

［4］陈利锋，范红忠．失业波动、社会福利损失与中国最优货币政策［J］．华中科技大学学报：社会科学版，2013，（4）：93－100.

［5］陈利锋，范红忠．房价波动、货币政策与中国社会福利损失［J］．中国管理科学，2014，22（05）：42－50.

［6］陈诗一，王祥．融资成本、房地产价格波动与货币政策传导［J］．金融研究，2016，（03）：1－14.

［7］陈伟忠，黄炎龙．货币政策、资产价格与金融稳定性［J］．当代经济科学，2011，33（01）：1－12.

［8］崔光灿．资产价格、金融加速器与经济稳定［J］．世界经济，2006，（11）：59－69.

［9］刁节文，章虎．基于金融形势指数对我国货币政策效果非线性的实证研究［J］．金融研究，2012，（04）：32－44.

［10］封北麟，王贵民．货币政策与金融形势指数FCI：基于VAR的实证分析［J］．数量经济技术经济研究，2006，23（11）：142－150.

［11］封北麟，王贵民．金融状况指数FCI与货币政策反应函数经验研究［J］．财经研究，2006，32（12）：53－64.

［12］高波，王先柱．中国房地产市场货币政策传导机制的有效性分析：

2000—2007 ［J］. 财贸经济，2009，（03）：129 – 135.

［13］侯成琪，龚六堂. 货币政策应该对住房价格波动作出反应吗——基于两部门动态随机一般均衡模型的分析［J］. 金融研究，2014，（10）：15 – 33.

［14］胡育蓉，朱恩涛，龚金泉. 货币政策立场如何影响企业风险承担——传导机制与实证检验［J］. 经济科学，2014，（01）：39 – 55.

［15］胡志鹏. 中国货币政策的价格型调控条件是否成熟？——基于动态随机一般均衡模型的理论与实证分析［J］. 经济研究，2012，（06）：60 – 72.

［16］黄静. 房价上涨与信贷扩张：基于金融加速器视角的实证分析［J］. 中国软科学，2010，（08）：61 – 69.

［17］姜春海. 中国房地产市场投机泡沫实证分析［J］. 管理世界，2005，（12）：71 – 84.

［18］李成，马文涛，王彬. 通货膨胀预期，货币政策工具选择与宏观经济稳定［J］. 经济学季刊，2010，10（1）：51 – 82.

［19］李成，王彬，马文涛. 资产价格、汇率波动与最优利率规则［J］. 经济研究，2010，45（3）：91 – 103.

［20］李宏瑾. 房地产市场、银行信贷与经济增长——基于面板数据的经验研究［J］. 国际金融研究，2005，（07）：30 – 36.

［21］刘斌. 最优货币政策规则的选择及在我国的应用［J］. 经济研究，2003，（09）：3 – 13.

［22］刘金全，张小宇. 时变参数"泰勒规则"在我国货币政策操作中的实证研究［J］. 管理世界，2012，（7）：20 – 28.

［23］刘明志. 货币供应量和利率作为货币政策中介目标的适用性［J］. 金融研究，2006，（1）：51 – 63.

［24］马勇. 植入金融因素的 DSGE 模型与宏观审慎货币政策规则［J］. 世界经济，2013，（07）：68 – 92.

［25］谭政勋，王聪. 中国信贷扩张、房价波动的金融稳定效应研究——动态随机一般均衡模型视角［J］. 金融研究，2011，（08）：57 – 71.

［26］谭政勋，王聪. 房价波动、货币政策立场识别及其反应研究［J］. 经济研究，2015，（01）：67 – 83.

［27］唐齐鸣，熊洁敏. 中国资产价格与货币政策反应函数模拟［J］. 数

量经济技术经济研究, 2009, (11): 104 – 115.

[28] 王宗林. 资产价格与我国最优货币政策 [D]: 南开大学, 2012.

[29] 肖争艳, 彭博. 住房价格与中国货币政策规则 [J]. 统计研究, 2012, 28 (11): 40 – 49.

[30] 熊洁敏. 资产价格与我国广义货币政策选择 [D]: 华中科技大学, 2010.

[31] 徐妍, 郑冠群, 沈悦. 房地产价格与我国货币政策规则——基于多部门 NK-DSGE 模型的研究 [J]. 南开经济研究, 2015, (04): 136 – 153.

[32] 许伟, 陈斌开. 银行信贷与中国经济波动: 1993—2005 [J]. 经济学 (季刊), 2009, 8 (3): 969 – 994.

[33] 许志伟, 薛鹤翔, 罗大庆. 融资约束与中国经济波动 – 新凯恩斯主义框架内的动态分析 [J]. 经济学 (季刊), 2010, 10 (1): 83 – 110.

[34] 殷波. 投资时机, 资产价格与最优利率政策: 对中国货币政策有效性的再解释 [J]. 世界经济, 2009, (3): 26 – 33.

[35] 余元全, 余元玲. 股价与我国货币政策反应: 基于泰勒规则的实证研究 [J]. 经济评论, 2008, (04): 51 – 57.

[36] 袁靖. 由泰勒规则货币政策对我国股票市场货币政策传导效力的实证研究 [J]. 统计研究, 2007, 24 (08): 60 – 63.

[37] 袁野. 时变参数的货币政策规则及其对利率期限结构的动态影响——基于资产价格波动、汇率因素对 Taylor 规则的修正 [J]. 中央财经大学学报, 2014, 1 (05): 40.

[38] 张雪兰, 何德旭. 货币政策立场与银行风险承担——基于中国银行业的实证研究 (2000 – 2010) [J]. 经济研究, 2012, (5): 31 – 44.

[39] 张屹山, 张代强. 前瞻性货币政策反应函数在我国货币政策中的检验 [J]. 经济研究, 2007, (03): 20 – 32.

[40] 赵进文, 高辉. 资产价格波动对中国货币政策的影响——基于 1994 – 2006 年季度数据的实证分析 [J]. 中国社会科学, 2009, (2): 98 – 114.

[41] 赵振全, 于震, 刘淼. 金融加速器效应在中国存在吗? [J]. 经济研究, 2007, (06): 27 – 38.

[42] 郑忠华, 邸俊鹏. 房地产借贷、金融加速器和经济波动——一个贝

叶斯估计的 DSGE 模拟研究 [J]. 经济评论, 2012, (06): 25 – 35.

［43］周晖, 王擎. 货币政策与资产价格波动: 理论模型与中国的经验分析 [J]. 经济研究, 2009, (10): 61 – 74.

［44］Abraham JM, Hendershott PH. Bubbles in Metropolitan Housing Markets [J]. *National Bureau of Economic Research*, 1994.

［45］Adam K, Woodford M. Robustly Optimal Monetary Policy in A Micro-founded New Keynesian model [J]. *Journal of Monetary Economics*, 2012, 59 (5): 468 – 487.

［46］Adrian T, Shin HS. Money, Liquidity, and Monetary Policy [R]. Staff Report, Federal Reserve Bank of New York, 2009.

［47］Alchian AA, Klein B. On A Correct Measure of Inflation [J]. *Journal of Money, Credit and Banking*, 1973, 5 (1): 173 – 191.

［48］Allen F. Strategic Management and Financial Markets [J]. *Strategic Management Journal*, 1993, 14 (S2): 11 – 22.

［49］Allen F, Gorton G. Stock Price Manipulation, Market Micro Structure and Asymmetric Information [J]. *European Economic Review*, 1992, 36: 624 – 630.

［50］Ammer J, Freeman RT. Inflation Targeting in the 1990s: The Experiences of New Zealand, Canada, and the United Kingdom [J]. *Journal of Economics & Business*, 1995, 47 (2): 165 – 192.

［51］Andrés J, ARCE Ó, Thomas C. Banking Competition, Collateral Constraints, and Optimal Monetary Policy [J]. *Journal of Money Credit & Banking*, 2013, 45 (s2): 87 – 125.

［52］Aoki K, Proudman J, Vlieghe G. House Prices, Consumption, and Monetary Policy: A Financial Accelerator Approach [J]. *Journal of financial intermediation*, 2004, 13 (4): 414 – 435.

［53］Ball LM. *Policy Rules for Open Economies. Monetary Policy Rules* [M]. University of Chicago Press, 1999: 127 – 156.

［54］Barro RJ, Gordon DB. Rules, Discretion and Reputation in A Model of Monetary Policy [J]. *Journal of Monetary Economics*, 1983, 12 (1): 101 – 121.

［55］Bean C. Asset Prices, Financial Imbalances and Monetary Policy: are

Inflation Targets Enough? [R]. Bank for International Settlements, 2003.

[56] Bean C. Some Lessons for Monetary Policy from the Recent Financial Turmoil [C], 2008.

[57] Bean CR. Asset Prices, Financial Instability, and Monetary Policy [J]. *The American Economic Review*, 2004, 94 (2): 14 – 18.

[58] Bemanke B, Gertler M, Gilchrist S. The Financial Accelerator and the Flight to Quality [J]. *The Review of Economics and Statistics*, 1996, 78 (1): 1 – 15.

[59] Benigno P, Woodford M. Inflation Stabilizztion and Welfare: the Case of A Distorted Steady State [J]. *Journal of the European Economic Association*, 2004, 3 (6): 1185 – 1236.

[60] Bernanke B, Gertler M. Monetary Policy and Asset Price Volatility [J]. *National Bureau of Economic Research*, 2000.

[61] Bernanke BS, Blinder AS. The Federal Funds Rate and Channels of Monetary Transmission. [J]. *American Economic Review*, 1992, 82 (4): 901 – 921.

[62] Bernanke BS, Gertler M. Inside the Black Box: The Credit Channel of Monetary Policy Transmission [J]. *The Journal of Economic Perspectives*, 1995, 9 (4): 27 – 48.

[63] Bernanke BS, Gertler M. Should Central Banks Respond to Movements in Asset Prices? [J] . *The American Economic Review*, 2001, 91 (2): 253 – 257.

[64] Bernanke BS, Gertler M, Gilchrist S. The Financial Accelerator in A Quantitative Business Cycle Framework [J]. *Handbook of Macroeconomics*, 1999, 1: 1341 – 1393.

[65] Bernanke BS, Mishkin FS, Coaut. Inflation Targeting: A New Framework for Monetary Policy? [J]. *Journal of Economic Perspectives*, 1997, 11 (2): 97 – 116.

[66] Bernardo EM. *Optimizing Prediction with Hierarchical Models: Bayesian Clustering. Aspects of uncertainty* [M]. Wiley: New York, 1994: 67 – 76.

[67] Bernardo JM. Reference Posterior Distributions for Bayesian Inference [J]. *Journal of the Royal Statistical Society*, 1979, 41 (2): 113 – 147.

［68］ Bjørnland HC, Jacobsen DH. The Role of House Prices in the Monetary Policy Transmission Mechanism in Small Open Economies ［J］. *Journal of Financial Stability*, 2009, 6 (4): 218 – 229.

［69］ Blanchard O. Bubbles, Liquidity Traps and Monetary Policy. Comments on Jinushi et al. and on Bernanke ［C］. Japan's financial crisis and its parallels to US experience, Institute for International Economics Special Report, 2000, 13.

［70］ Blanchard O, Galí J. Real Wage Rigidities and the New Keynesian Model ［J］. *Journal of Money Credit & Banking*, 2007, 39 (Supplement s1): 35 – 65.

［71］ Blanchard OJ. Speculative Bubbles, Crashes and Rational Expectations ［J］. *Economics Letters*, 1979, 3 (4): 387 – 389.

［72］ Blanchard OJ, Fischer S. *Lectures on Macroeconomics* ［M］: MIT press, 1989.

［73］ Blanchard OJ, Watson MW. Bubbles, Rational Expectations and Financial Markets. National Bureau of Economic Research, Inc, 1982.

［74］ Blinder AS. Distinguished Lecture on Economics in Government: What Central Bankers Could Learn from Academics-And Vice Versa ［J］. *The Journal of Economic Perspectives*, 1997, 11 (2): 3 – 19.

［75］ Bordo MD, Jeanne O. Monetary Policy and Asset Prices: does 'Benign Neglect'Make Sense? ［J］. *International Finance*, 2002, 5 (2): 139 – 164.

［76］ Bordo MD, Wheelock DC. Monetary Policy and Asset Prices: A Look Back at Past U. S. Stock Market Booms ［J］. *Federal Reserve Bank of St Louis Review*, 2004, 86 (Nov): 19 – 44.

［77］ Bordo MD, Wheelock DC. Stock Market Booms and Monetary Policy in the Twentieth Century ［J］. *Review*, 2007, 89 (Mar): 91 – 122.

［78］ Borio C. Implementing a Macroprudential Framework: Blending Boldness and Realism ［J］. *Capitalism and Society*, 2011, 6 (1): 1 – 25.

［79］ Borio C, Zhu H. Capital Regulation, Risk-taking and Monetary Policy: A Missing Link in the Transmission Mechanism? ［J］. *Journal of Financial Stability*, 2012, 8 (4): 236 – 251.

［80］ Borio CEV, White WR. Whither Monetary and Financial Stability? the

Implications of Evolving Policy Regimes [J]. *Bis Working Papers*, 2004, 66 (S727): 213 – 223.

[81] Bullard JB, Schaling E. Why the Fed Should Ignore the Stock Market [J]. *Review-Federal Reserve Bank of Saint Louis*, 2002, 84 (2): 35 – 42.

[82] Calvo GA. Staggered Prices in A Utility-maximizing Framework [J]. *Journal of Monetary Economics*, 1983, 12 (3): 383 – 398.

[83] Campbell JY, Kyle AS. Smart Money, Noise Trading and Stock Price Behaviour [J]. *The Review of Economic Studies*, 1993, 60 (1): 1 – 34.

[84] Carlstrom CT, Fuerst TS, Matthias P. Optimal Monetary Policy in a Model with Agency Costs [J]. *Journal of Money Credit & Banking*, 2010, 42 (s1): 37 – 70.

[85] Carroll CD, Samwick AA. The Nature of Precautionary Wealth [J]. *Journal of Monetary Economics*, 1997, 40 (1): 41 – 71.

[86] Case K, Shiller R. The Efficiency of the Market for Single-Family Homes [J]. *American Economic Review*, 1989, 79 (1): 125 – 137.

[87] Case KE, Shiller RJ. Prices of Single-Family Homes Since 1970: New Indexes For Four Cities [J]. *New England Economic Review*, 1987, 5 (Sep): 45 – 56.

[88] Cecchetti S, Genberg H, Lipsky J, et al. Asset Prices and Monetary Policy [C], 2000.

[89] Chang C, Liu Z, Spiegel MM. Capital Controls and Optimal Chinese Monetary Policy [J]. *Journal of Monetary Economics*, 2013, 74: 1 – 15.

[90] Clarida R, Gal'I J, Gertler M. 1999: The Science of Monetary Policy: A New Keynesian Perspective, Journal of Economic Literature [J]. *Journal of Economic Literature*, 1999, 37 (4): 1661 – 1707.

[91] Clarida R, Galí J, Gertler M. Optimal Monetary Policy in Closed versus Open Economies: An Integrated Approach [J]. *American Economic Review*, 2001, 91 (2): 248 – 252.

[92] Cogley T. Should the Fed Take Deliberate Steps to Deflate Asset Price Bubbles? [J]. *Economic Review-Federal Reserve Bank of San Francisco*, 1999, (1): 42.

［93］ Conover CM, Jensen GR, Johnson RR. Monetary Environments and International Stock Returns ［J］. *Journal of Banking & Finance*, 1999, 23 （9）: 1357 – 1381.

［94］ Datta GS, Ghosh M. On the Invariance of Noninformative Priors ［J］. *Annals of Statistics*, 1996, 24 （1）: 141 – 159.

［95］ DeFiore F, Teles P, Tristani O. Monetary Policy and the Financing of Firms ［J］. *American Economic Journal*: *Macroeconomics*, 2011, volume 3 （4）: 112 – 142 （131） .

［96］ Del Negro M, Otrok C. Monetary Policy and the House Price Boom Across U. S. States ［J］. *Ssrn Electronic Journal*, 2005, 54 （2005 – 24）: 1962 – 1985.

［97］ Delis MD, Hasan I, Kazakis P. Bank Regulations and Income Inequality: Empirical Evidence ［J］. *Review of Finance*, 2012, 18 （5）: 1811 – 1846.

［98］ Delis MD, Kouretas GP. Interest Rates and Bank Risk-taking ［J］. *Journal of Banking & Finance*, 2011, 35 （4）: 840 – 855.

［99］ Diamond DW, Rajan RG. Illiquid Banks, Financial Stability, and Interest Rate Policy ［J］. *Journal of Political Economy*, 2012, 120 （3）: 552 – 591.

［100］ Dotsey M, Wolman AL. State-Dependent Pricing And The General Equilibrium Dynamics Of Money And Output ［J］. *Quarterly Journal of Economics*, 1999, 114 （2）: 655 – 690.

［101］ Eichengreen B, Fetters G. The Gold Standard and the Great Depression ［J］. *NBER Reporter*, *Spring*, 1991, 91: 5 – 10.

［102］ Erceg CJ, Henderson DW, Levin AT. Optimal Monetary Policy with Staggered Wage and Price Contracts ［J］. *Journal of Monetary Economics*, 2000, 46 （2）: 281 – 313.

［103］ Estrella A, Mishkin FS. The Predictive Power of the Term Structure of Interest Rates in Europe and the United States: Implications for the European Central Bank ［J］. *European Economic Review*, 1997, 41 （7）: 1375 – 1401.

［104］ Faia E, Monacelli T. Optimal Interest Rate Rules, Asset Prices, and Credit Frictions ［J］. *Journal of Economic Dynamics & Control*, 2005, 31 （10）: 3228 – 3254.

[105] Fama EF. Stock Returns, Real Activity, Inflation, and Money [J]. *The American Economic Review*, 1981, 71 (4): 545 – 565.

[106] Fernández-Villaverde J. The Econometrics of DSGE Models [J]. *Cepr Discussion Papers*, 2010, 1 (1 – 2): 3 – 49.

[107] Fernández - Villaverde J, Rubio - Ramírez JF. Estimating Dynamic Equilibrium Economies: Linear Versus Nonlinear Likelihood [J]. *Journal of Applied Econometrics*, 2004, 20 (7): 891 – 910.

[108] Filardo A. Should Monetary Policy Respond to Asset Price Bubbles?: Some Experimental Results [R]. Federal Reserve Bank of Kansas City, 2001.

[109] Filardo A. Monetary policy and asset price bubbles: calibrating the monetary policy trade-offs [R]. Bank for International Settlements, 2004.

[110] Filardo AJ. Monetary Policy and Asset Prices [J]. *Economic Review-Federal Reserve Bank of Kansas City*, 2000, 85 (3): 11 – 38.

[111] Finocchiaro D, Heideken VQ. Do Central Banks React to House Prices? [J]. *Journal of Money, Credit and Banking*, 2013, 45 (8): 1659 – 1683.

[112] Fiore FD, Tristani O. Optimal Monetary Policy in a Model of the Credit Channel [J]. *Economic Journal*, 2013, 123 (571): 906 – 931.

[113] Franke R, Westerhoff F. Structural Stochastic Volatility in Asset Pricing Dynamics: Estimation and Model Contest [J]. *Journal of Economic Dynamics & Control*, 2011, 36 (8): 1193 – 1211.

[114] Frenkel JA, Mussa ML. Asset Markets, Exchange Rates and the Balance of Payments [J]. *Handbook of International Economics*, 1985, 2: 679 – 747.

[115] Friedman M, Schwartz AJ. *A Monetary History of the United States, 1867 – 1960* [M]: Princeton University Press, 2008.

[116] Fry M, Julius D, Mahadeva L, et al. Monetary Policy Frameworks in A Global Context [R]. Unpublished paper London: Bank of England (June), 1999.

[117] Fuhrer JC, Moore GR, Schuh SD. Estimating the Linear-quadratic Inventory Model Maximum Likelihood Versus Generalized Method of Moments [J]. *Journal of Monetary Economics*, 1995, 35 (1): 115 – 157.

[118] Gaggl P, Valderrama MT. Does a Low Interest Rate Environment Affect Risk Taking in Austria? [J]. *Monetary Policy & the Economy*, 2010: 32 - 48.

[119] Gambacorta L. Monetary Policy and the Risk-taking Channel [J]. *BIS Quarterly Review*, 2009: 43.

[120] Gelfand AE, Smith AFM. Sampling-Based Approaches to Calculating Marginal Densities [J]. *Journal of the American Statistical Association*, 2015, 85 (410): 398 - 409.

[121] Geman S, Geman D. Stochastic Relaxation, Gibbs Distributions, and the Bayesian Restoration of Images [J]. *IEEE Transactions on Pattern Analysis & Machine Intelligence*, 2010, 6 (6): 721 - 741.

[122] George EI, Mcculloch RE. Variable Selection Via Gibbs Sampling [J]. *Journal of the American Statistical Association*, 1993, 88 (423): 881 - 889.

[123] Ghironi F. Alternative Monetary Rules for a Small Open Economy: The Case of Canada [J]. *Boston College Department of Economics*, 2000.

[124] Gilks WR, Best NG, Tan KKC. Adaptive Rejection Metropolis Sampling Within Gibbs Sampling [J]. *Applied Statistics*, 1995, 44 (4): 455 - 472.

[125] Goodfriend M. Interest Rate Policy Should not React Directly to Asset Prices [J]. *Asset Price Bubbles*: The Implications for Monetary, Regulatory, and International Policies, MIT Press, Cambridge, 2003: 445 - 458.

[126]: Goodhart C, Hofmann B. Financial Variables and the Conduct of Monetary Policy [R]. Sveriges Riksbank (Central Bank of Sweden), 2000.

[127] Goodhart C, Hofmann B. House Prices, Money, Credit, and the Macroeconomy [J]. *Oxford Review of Economic Policy*, 2008, 24 (1): 180 - 205.

[128] Goodhart C, Smith S. Stabilization [J]. *European Economy*, 1993, 5: 417 - 455.

[129] Greenspan A. Opening Remarks [C]. Rethinking Stabilization Policy, 2002.

[130] Greenspan A. Risk and Uncertainty in Monetary Policy [J]. *American Economic Review*, 2004, 94 (2): 33 - 40.

[131] Greenspan A. Risk Transfer and Financial Stability [J]. *Physics of*

Plasmas, 2005, 21 (21): 147 –171.

[132] Gruen D, Plumb M, Stone A. How Should Monetary Policy Respond to Asset-Price Bubbles? [J]. *International Journal of Central Banking*, 2005, 1 (3): 1 –31.

[133] Hall P. Is there Any Evidence of A Greenspan Put? [R]. Swiss National Bank, 2011.

[134] Hall RE, Mankiw NG. *Nominal Income Targeting. Monetary Policy* [M]. The University of Chicago Press, 1994: 71 –94.

[135] Hastings WK. Monte Carlo Sampling Methods Using Markov Chains and Their Applications [J] . *Biometrika*, 1970, 57 (1): 97 –109.

[136] Haugh DL. Monetary Policy under Uncertainty about the Nature of Asset-Price Shocks [J]. *International Journal of Central Banking*, 2008, 4 (4): 39 –83.

[137] Henderson DW, Kim J. Exact Utilities under Alternative Monetary Rules in a Simple Macro Model with Optimizing Agents [J]. *International Tax & Public Finance*, 1999, 6 (4): 507 –535.

[138] Hoffmann A. Did the Fed and ECB React Asymmetrically with Respect to Asset Market Developments? [J]. *Journal of Policy Modeling*, 2013, 35 (2): 197 –211.

[139] Iacoviello M. House Prices, Borrowing Constraints, and Monetary Policy in the Business Cycle [J] . *The American economic review*, 2005, 95 (3): 739 –764.

[140] Iacoviello M, Minetti R. The Credit Channel of Monetary Policy: Evidence from the Housing Market [J]. *Journal of Macroeconomics*, 2008, 30 (1): 69 –96.

[141] Iacoviello M, Neri S. Housing Market Spillovers: Evidence from An Estimated DSGE Model [J]. *American Economic Journal: Macroeconomics*, 2010, 2 (2): 125 –164.

[142] Ireland PN. The Role of Countercyclical Monetary Policy [J]. *Journal of Political Economy*, 1996, 104 (4): 704 –723.

[143] Jakab ZM, Kucsera H, Szilágyi K, et al. Optimal Simple Monetary Policy Rules and Welfare in A DSGE Model for Hungary [C], 2010.

［144］Jalilvand A, Malliaris A, Kolb RW. Sequence of Asset Bubbles and the Global Financial Crisis ［J］. *Lessons from the financial crisis*：Causes, consequences, and our economic future, 2010：139 – 145.

［145］Jeffreys H. Theory of Probability (E. Ullrich) ［J］. *Zeitschrift Naturforschung Teil A*, 1951, 6：471.

［146］Jondeau E, Hervé LB, Gallès C. Assessing Generalized Method-of-Moments Estimates of the Federal Reserve Reaction Function ［J］. *Journal of Business & Economic Statistics*, 2004, 22 (April)：225 – 239.

［147］Judd KL. *Numerical Methods in Economics* ［M］：MIT Press, 1998.

［148］Kashyap AK, Stein JC, Wilcox DW. Monetary Policy and Credit Conditions：Evidence from the Compsition of External Finance ［J］. *The American Economic Review*, 1993, 83 (1)：78 – 98.

［149］Kass RE. Data-translated Likelihood and Jeifreys's Rules ［J］. *Biometrika*, 1990, 77 (1)：107 – 114.

［150］Kent C, Lowe PW. *Asset-price Bubbles and Monetary policy* ［M］：Reserve Bank of Australia, 1997.

［151］Khan A, King RG, Wolman AL. Optimal Monetary Policy ［J］. *Review of Economic Studies*, 2003, volume 95 (9)：947 – 960 (914) .

［152］Kim J. Welfare Evaluation of Monetary Policy Rules in A Model with Nominal Rigidities ［J］. *Banking and Policy Studies Working* Paper, 2003, 3 – 03.

［153］Kim J, Kim SH. Spurious Welfare Reversals in International Business Cycle Models ［J］. *Journal of International Economics*, 2003, 60 (2)：471 – 500.

［154］King M. Monetary Policy in the UK ［J］. *Fiscal Studies*, 1994, 15 (15)：109 – 128.

［155］Kiyotaki N, Moore J. Credit Chains ［J］. *Journal of Political Economy*, 1997, 105 (21)：211 – 248.

［156］Kollmann R. Monetary Policy Rules in the Open Economy：Effects on Welfare and Business Cycles ［J］. *Journal of Monetary Economics*, 2002, 49 (5)：989 – 1015.

［157］Kontonikas A, Ioannidis C. Should Monetary Policy Respond to Asset

Price Misalignments? [J]. *Economic Modelling*, 2005, 22 (6): 1105 – 1121.

[158] Kontonikas A, Montagnoli A. Optimal Monetary Policy and Asset Price Misalignments [J]. *Scottish Journal of Political Economy*, 2006, 53 (5): 636 – 654.

[159] Koop G, Poirier DJ, Tobias JL. *Bayesian Econometric Methods* [M]. Cambridge University Press, 2007.

[160] Kortian T. Modern Approaches to Asset Price Formation: A Survey of Recent Theoretical Literature [R]. Reserve Bank of Australia, 1995.

[161] Kotz S, Wu XZ. *Modern Bayesian Statistics* [M]. Beijing: China Statistics Publishing House, 2000.

[162] Kydland FE, Prescott EC. Rules Rather than Discretion: The Inconsistency of Optimal Plans [J]. *The Journal of Political Economy*, 1977: 473 – 491.

[163] Kydland FE, Prescott EC. Time To Build and Aggregate Fluctuations [J]. *Econometrica*, 1982, 50 (6): 1345 – 1370.

[164] Lambertini L, Mendicino C, Punzi MT. Leaning Against Boom-bust Cycles in Credit and Housing prices [J]. *Ssrn Electronic Journal*, 2013, 37 (8): 1500 – 1522.

[165] Lawrance EC. Poverty and the Rate of Time Preference: Evidence from Panel Data [J]. *Journal of Political Economy*, 1991: 54 – 77.

[166] Lengnick M, Wohltmann HW. Optimal Monetary Policy in A New Keynesian Model with Animal Spirits and Financial Markets [J]. *Journal of Economic Dynamics & Control*, 2014, 64: 148 – 165.

[167] Levin AT. Comment on: Monetary Policy Rules in the Open Economy: Effects on Welfare and Business Cycles [J]. *Journal of Monetary Economics*, 2002, 49 (5): 1017 – 1023.

[168] Levin AT, Wieland V, Williams JC. Robustness of Simple Monetary Policy Rules Under Model Uncertainty [J]. *Ssrn Electronic Journal*, 1999: 263 – 299.

[169] López, Tenjo M, Zárate F, et al. The Risk-Taking Channel and Monetary Transmission Mechanism in Colombia [J]. *Ensayos Sobre Politica Economica*, 2011, 29 (616): 212 – 234.

[170] Malliaris A. Asset Price Bubbles and Central Bank Policies [J]. *New*

Perspectives on Asset Price Bubbles, 2012: 407.

[171] Mccallum BT. *Inflation Targeting in Canada, New Zealand, Sweden, the United Kingdom, and in General* [M]. Palgrave Macmillan UK, 1998.

[172] Mccallum BT, Nelson E. Nominal Income Targeting in An Open-economy Optimizing Model-A Compact Exposition [J]. *Journal of Monetary Economics*, 1999, 43 (3): 553 – 578.

[173] Mccallum BT, Nelson E. Money and Inflation: Some Critical Issues [J]. *Finance & Economics Discussion*, 2010, 19 (1): 97 – 153.

[174] Metropolis N, Rosenbluth AW, Rosenbluth MN, et al. Equation of State Calculations by Fast Computing Machines [J]. *Journal of Biochemical & Biophysical Methods*, 1952, 21 (6): 1087 – 1092.

[175] Mian A, Sufi A. Household Leverage and the Recession of 2007 – 09 [J]. *Imf Economic Review*, 2010, 58 (1): 74 – 117.

[176] Mishkin FS. Global Financial Instability: Framework, Events, Issues [J]. *Journal of economic perspectives*, 1999, 13 (13): 3 – 20.

[177] Mishkin FS. *Monetary Policy Strategy* [M]. Mit press, 2007.

[178] Mishkin FS. Monetary Policy Strategy: Lessons from the Crisis [J]. *National Bureau of Economic Research*, 2011.

[179] Mishkin FS, White EN. US Stock Market Crashes and Their Aftermath: Implications for Monetary Policy [J]. National bureau of economic research, 2002.

[180] Montoro C. Oil Shokcs and Optimal Monetary Policy [J]. *Macroeconomic Dynamics*, 2012, 16 (307): 240 – 277.

[181] Muellbauer J, Murphy A. Booms and Busts in the UK Housing Market [J]. *The economic journal*, 1997, 107 (445): 1701 – 1727.

[182] Mussa M. Asset Prices and Monetary Policy [J]. *Asset Price Bubbles*: The Implications for Monetary, Regulatory, and International Policies, 2003: 41 – 50.

[183] Nobay AR, Peel DA. Optimal Discretionary Monetary Policy in a Model of Asymmetric Central Bank Preferences [J]. *Economic Journal*, 2003, 113 (489): 657 – 665.

[184] Notarpietro A, Siviero S. Optimal Monetary Policy Rules and House

Prices: The Role of Financial Frictions [J]. *Journal of Money Credit & Banking*, 2015, 47 (S1): 383 –410.

[185] Obstfeld M, Rogoff K. Chapter 34 The Intertemporal Approach to the Current Account [J]. *Handbook of International Economics*, 1995, 3 (05): 1731 –1799.

[186] Okina K, Shiratsuka S. Asset Price Bubbles, Price Stability, and Monetary Policy: Japan's Experience [J]. *Monetary and Economic Studies*, 2002, 20 (3): 35 –76.

[187] Paligorova T, Santos JAC. When is it Less Costly for Risky RMS to Borrow? Evidence from the Bank Risk-Taking Channel of Monetary Policy [J]. *Ssrn Electronic Journal*, 2012.

[188] Paustian M. Welfare Effects of Monetary Policy Rules in a Model with Nominal Rigidities and Credit Market Frictions. Econometric Society 2004 Far Eastern Meetings [J]. Econometric Society, 2004.

[189] Posen AS. The Realities and Relevance of Japan's Great Recession: Neither Ran Nor Rashomon [J]. *Peterson Institute for International Economics Working Paper*, 2010, (10 –7).

[190] Ravenna F, Walsh CE. Welfare-Based Optimal Monetary Policy with Unemployment and Sticky Prices: A Linear-Quadratic Framework [J]. *American Economic Journal Macroeconomics*, 2011, 3 (2): 130 –162.

[191] Ravn SH. Has the Fed Reacted Asymmetrically to Stock Prices? [J]. *The BE Journal of Macroeconomics*, 2012, 12 (1): 1 –36.

[192] Ravn SH. Asymmetric Monetary Policy Towards the Stock Market: A DSGE Approach [J]. *Journal of Macroeconomics*, 2014, 39: 24 –41.

[193] Rigobon R, Sack B. Measuring The Reaction of Monetary Policy to the Stock Market [J]. *The Quarterly Journal of Economics*, 2003, 118 (2): 639 –669.

[194] Rotemberg JJ, Woodford M. An Optimization-Based Econometric Framework for the Evaluation of Monetary Policy [J]. *NBER Macroeconomics Annual*, 1997, 12 (12): 297 –361.

[195] Rubio M. Fixed-and Variable-Rate Mortgages, Business Cycles, and Monetary Policy [J]. *Journal of Money Credit & Banking*, 2011, 43 (4): 657 –688.

［196］Rudebusch G, Svensson LEO. *Policy Rules for Inflation Targeting. Monetary Policy Rules* ［M］. University of Chicago Press, 1999: 203 – 262.

［197］Rudebusch GD, Svensson LEO. Eurosystem Monetary Targeting: Lessons from U. S. Data ［J］. *Papers*, 1999, volume 46（01）: 417 – 442（426）.

［198］Ruge-Murcia FJ. The Inflation Bias when the Central Bank Targets the Natural Rate of Unemployment ［J］. *European Economic Review*, 2004, 48（1）: 91 – 107.

［199］Samanidou E, Zschischang E, Stauffer D, et al. Agent-based Models of Financial Markets ［J］. *Reports on Progress in Physics*, 2007, 70（3）: 409 – 450.

［200］Samwick AA. Discount Rate Heterogeneity and Social Security Reform ［J］. *Journal of Development Economics*, 1998, 57（1）: 117 – 146.

［201］Schmitt-Grohé S, Uribe M. Optimal Simple and Implementable Monetary and Fiscal Rules ［J］. *Journal of Monetary Economics*, 2007, 54（6）: 1702 – 1725.

［202］Schmitt-Grohé S, Uribe MN. Solving Dynamic General Equilibrium Models Using A Second-order Approximation to the Policy Function ［J］. *Journal of Economic Dynamics & Control*, 2004, 28（4）: 755 – 775.

［203］Shiller R. *Irrational Exuberance* ［M］. Princeton University Press, 2009.

［204］Shiller RJ. Behavioral Economics and Institutional Innovation ［J］. *Southern Economic Journal*, 2005, 72（2）: 269 – 283.

［205］Sims CA. Second Order Accurate Solution of Discrete Time Dynamic Equilibrium Models ［J］. *Manuscript Princeton Princeton University*, 2000, 32（11）: 3397 – 3414.

［206］Smets F. Financial Asset Prices and Monetary Policy: Theory and Evidence ［R］. CEPR Discussion Papers, 1997.

［207］Stein CM. On the Coverage Probability of Confidence Sets based on a Prior Distribution ［J］. *Sequential Methods in Statistics*, 1985: 485 – 514.

［208］Stock JH, Watson MW. Forecasting inflation ［J］. *Journal of Monetary Economics*, 1999, 44（2）: 293 – 335.

［209］Stock JH, Yogo M. Testing for Weak Instruments in Linear IV Regression [J]. *Nber Technical Working Papers*, 2002, 14 (1): 80 – 108.

[210] Sun D, Berger JO. Reference Priors with Partial Information [J]. *Biometrika*, 1998, 1 (1): 55 – 71.

[211] Surico P. Inflation Targeting and Nonlinear Policy Rules: the Case of Asymmetric Preferences [R]. CESifo working papers, 2004.

[212] Surico P. The Fed's Monetary Policy Rule and US Inflation: The Case of Asymmetric Preferences [J]. *Journal of Economic Dynamics and Control*, 2007, 31 (1): 305 – 324.

[213] Surico P. Measuring the Time Inconsistency of US Monetary Policy [J]. *Economica*, 2008, 75 (297): 22 – 38.

[214] Svensson LE. Inflation Forecast Targeting: Implementing and Monitoring Inflation Targets [J]. *European Economic Review*, 1997, 41 (6): 1111 – 1146.

[215] Svensson LE. Monetary Policy and Real Stabilization [J]. *National Bureau of Economic Research*, 2003.

[216] Svensson LE. Flexible Inflation Targeting: Lessons From the Financial Crisis [J]. 2009.

[217] Svensson LEO. Inflation Targeting as A Monetary Policy Rule [J]. *Journal of Monetary Economics*, 1999, 43 (3): 607 – 654.

[218] Taylor JB. Discretion Versus Policy Rules in Practice [C], 1993: 195 – 214.

[219] Taylor JB. The Financial Crisis and the Policy Responses: An Empirical Analysis of what went Wrong [J]. *National Bureau of Economic Research*, 2009.

[220] Taylor JB. Getting Back on Track: Macroeconomic Policy Lessons from the Financial Crisis (Digest Summary) [J]. *Federal Reserve Bank of ST Louis Review*, 2010, 92 (3): 165 – 176.

[221] Tibshirani R. Noninformative Priors for One Parameter of Many [J]. *Biometrika*, 1989, 76 (3): 604 – 608.

[222] Tinbergen J. *On the Theory of Economic Policy* [M], 1952.

[223] Tirole J. On the Possibility of Speculation Under Rational Expectations [J]. *Econometrica: Journal of the Econometric Society*, 1982: 1163 – 1181.

[224] Tirole J. Asset Bubbles and Overlapping Generations [J]. *Economet-*

rica：*Journal of the Econometric Society*，1985：1071 - 1100.

［225］ Weil P. The Equity Premium Puzzle and the Risk-free Rate Puzzle ［J］. *Journal of Monetary Economics*，1989，24（3）：401 - 421.

［226］ Woodford M. Optimal Monetary Policy Inertia ［J］. *Manchester School*，1999，67（Supplement s1）：1 - 35.

［227］ Woodford M. *Interest and Prices*：*Foundations of A Theory of Monetary Policy* ［M］：Princeton University Press，2003.

［228］ Woodford M，Adam K. Housing Prices and Robustly Optimal Monetary Policy ［J］. *University of Mannheim Photocopy*，2013.

［229］ Zellner A. *An Introduction to Bayesian Inference in Econometrics* ［M］：Wiley，1996.